Ideenbuch für kreative Fotografie

AF721674

Lorna Yabsley

Lektorat und Copy-Editing: Rudolf Krahm
Übersetzung: Elvira Willems
Lektoratsassistenz: Anja Weimer
Satz: Rudolf Krahm, Frank Heidt
Herstellung: Frank Heidt
Umschlaggestaltung: Helmut Kraus, *www.exclam.de,* unter Verwendung eines Fotos von Adrian Wojtas
Printed in China

Bibliografische Information der Deutschen Nationalbibliothek
Die Deutsche Nationalbibliothek verzeichnet diese Publikation in der Deutschen Nationalbibliografie; detaillierte bibliografische Daten sind im Internet über *http://dnb.d-nb.de* abrufbar.

ISBN 978-3-86490-770-8

1. Auflage 2020
Translation Copyright für die deutschsprachige Ausgabe © 2020 dpunkt.verlag GmbH
Wieblinger Weg 17
69123 Heidelberg

Schreiben Sie uns:
Falls Sie Anregungen, Wünsche und Kommentare haben, lassen Sie es uns wissen: hallo@dpunkt.de.

First published in 2011; this edition published in the United Kingdom in 2019 by ILEX, an imprint of Octopus Publishing Group Ltd, Carmelite House, 50 Victoria Embankment, London EC4Y ODZ
Text Copyright © Lorna Yabsley 2019
Design and Layout Copyright © Octopus Publishing Group Ltd 2019
All images © their respective copyright holders (see credits on page 175)
Front cover image © Adrian Wojtas
All rights reserved.
Lorna Yabsely asserts the moral right to be identified as the author of this work.

Die vorliegende Publikation ist urheberrechtlich geschützt. Alle Rechte vorbehalten. Die Verwendung der Texte und Abbildungen, auch auszugsweise, ist ohne die schriftliche Zustimmung des Verlags urheberrechtswidrig und daher strafbar. Dies gilt insbesondere für die Vervielfältigung, Übersetzung oder die Verwendung in elektronischen Systemen.
Es wird darauf hingewiesen, dass die im Buch verwendeten Soft- und Hardware-Bezeichnungen sowie Markennamen und Produktbezeichnungen der jeweiligen Firmen im Allgemeinen warenzeichen-, marken- oder patentrechtlichem Schutz unterliegen.
Alle Angaben und Programme in diesem Buch wurden mit größter Sorgfalt kontrolliert. Weder Autor noch Übersetzer noch Verlag können jedoch für Schäden haftbar gemacht werden, die in Zusammenhang mit der Verwendung dieses Buches stehen.

5 4 3 2 1 0

Lorna Yabsley

Ideenbuch für kreative Fotografie

Inspiration und Tipps für Fotoenthusiasten

Deutsche Übersetzung von Elvira Willems

dpunkt.verlag

Inhalt

Einleitung

Die Fotografie unterscheidet sich von allen anderen Kunstformen. Es mag Wochen, Monate oder sogar Jahre her sein, seit Sie das letzte Mal in einer Galerie waren und ein Gemälde oder eine Skulptur betrachtet haben. Doch mit großer Wahrscheinlichkeit sind Ihnen am Ende dieses Tages mehrere Hundert Fotos vor Augen gekommen. Mit modernen Fotoapparaten lassen sich sehr leicht wunderschöne Bilder schaffen, was unglaublich befreiend ist, aber gleichzeitig auch strapaziös – wenn alle dauernd alles fotografieren, wie will man da noch herausstechen?

Zum Glück ist das eine falsche Prämisse, denn die Zahl der potenziell einzigartigen Fotografien ist natürlich genauso wenig begrenzt wie die Zahl der potenziell großartigen Romane. Als Edward Weston *Pepper No. 30* schuf, stand Paprika nicht gerade hoch im Kurs; niemand sah die Schönheit industrieller Wassertürme, bis Hilla und Bernd Becher Hunderte von ihnen fotografierten; und Lebensmittelläden galten als nicht besonders aufregende Sujets, bis Andreas Gursky *99 Cent* aufnahm – ein Bild, das bei einer Auktion 2007 rekordbrechende 3,3 Millionen Dollar einbrachte.

Doch Sie sollten sich auf der Suche nach Inspiration nicht nur an den Giganten der Fotografie orientieren. Sie sind, ob es Ihnen bewusst ist oder nicht, Teil einer modernen Bewegung der Fotografie; Fotografen auf der ganzen Welt experimentieren unablässig, wenden sich mit alten Techniken neuen Themen zu und verknüpfen ihre Aufnahmen mit aktuellen Ereignissen.

Dieses Buch ist für alle, die fotografieren, ob mit einer hochmodernen Spiegelreflexkamera, einem iPhone oder einer alten Plattenkamera. Egal ob Sie gerade feststecken oder bloß etwas Neues ausprobieren wollen, Sie finden auf den folgenden Seiten eine Fülle von Inspirationen. Indem Sie mit klassischen Techniken spielen, neue Ansätze ausprobieren und von den Meistern lernen, verlassen Sie eingefahrene Gleise und tauchen mit frischer Kreativität und voller Staunen in eine neue Phase Ihrer Fotografie ein. Los geht's.

Undurchsichtig

Für diese Bildserie leerte die Fotografin Rosanna Jones mehrere Behälter Milchpulver in eine Badewanne und bat das Model, sich zurückzulehnen und nur wenige Körperteile zu zeigen, die im Weiß verschwinden. Die Umwandlung des Bilds in ein körniges High-Key-Schwarzweißbild verdichtet den gespenstischen Effekt.

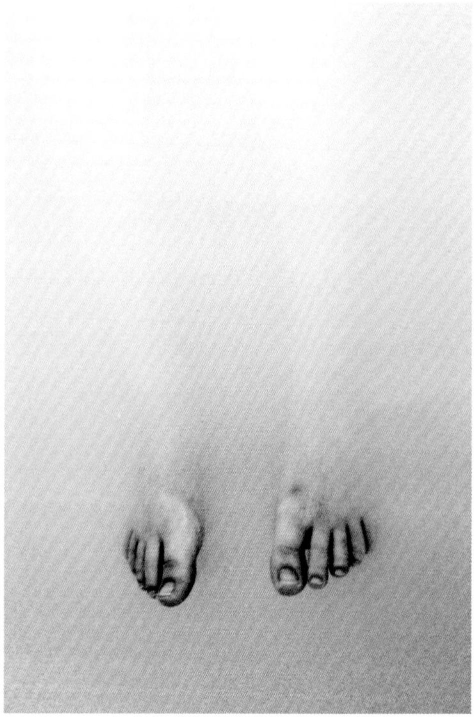

Gegen ausgeklügelte Sets und Fotomanipulation ist nichts einzuwenden, aber großartige Fotos entstehen auch oft, wenn sich jemand einer unorthodoxen Idee verschreibt. In diesem Fall zieht eine wunderbar simple Idee (falls das Model mitspielt) augenblicklich die Aufmerksamkeit auf sich, und man fragt sich, wie das Bild entstanden ist.

OBEN & GEGENÜBER:
Aus der Serie *Body (Körper)*

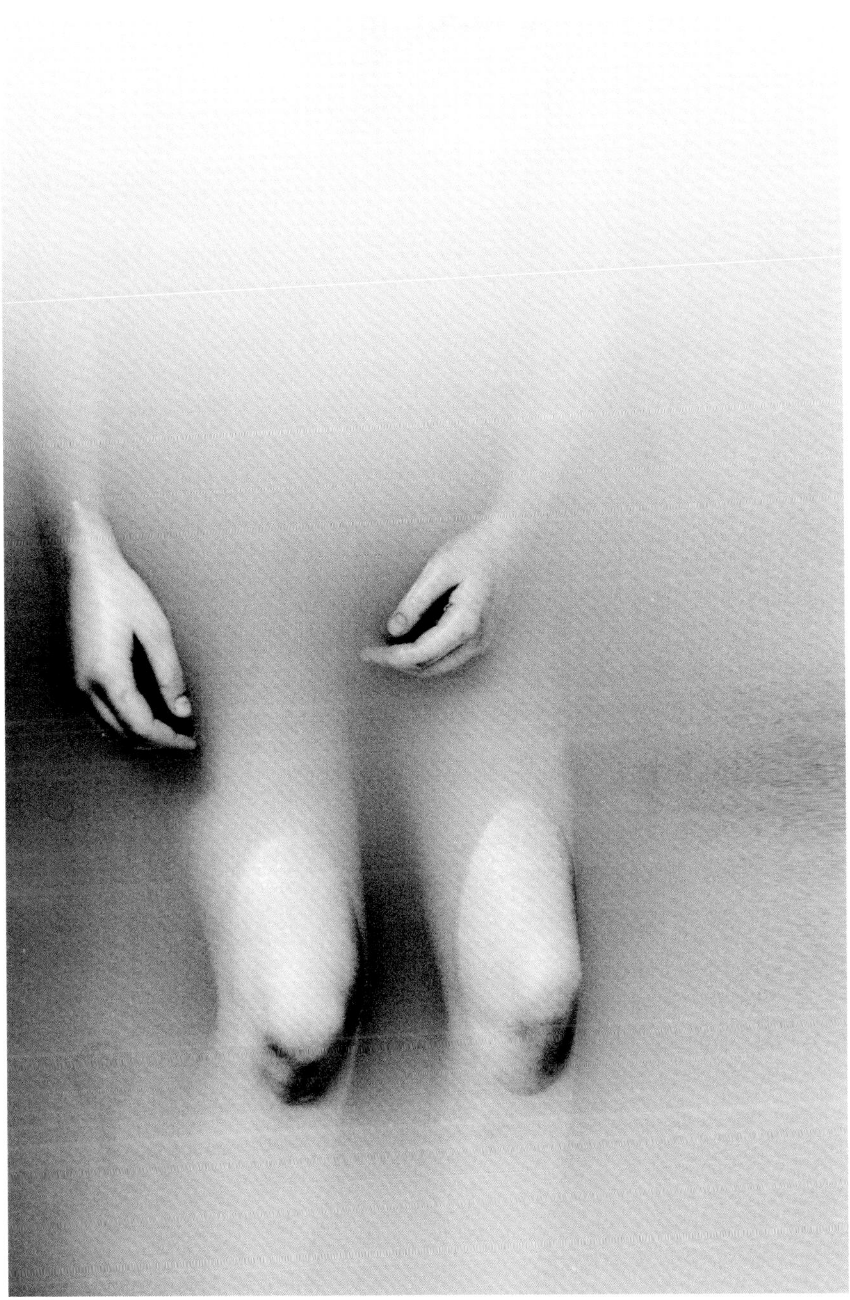

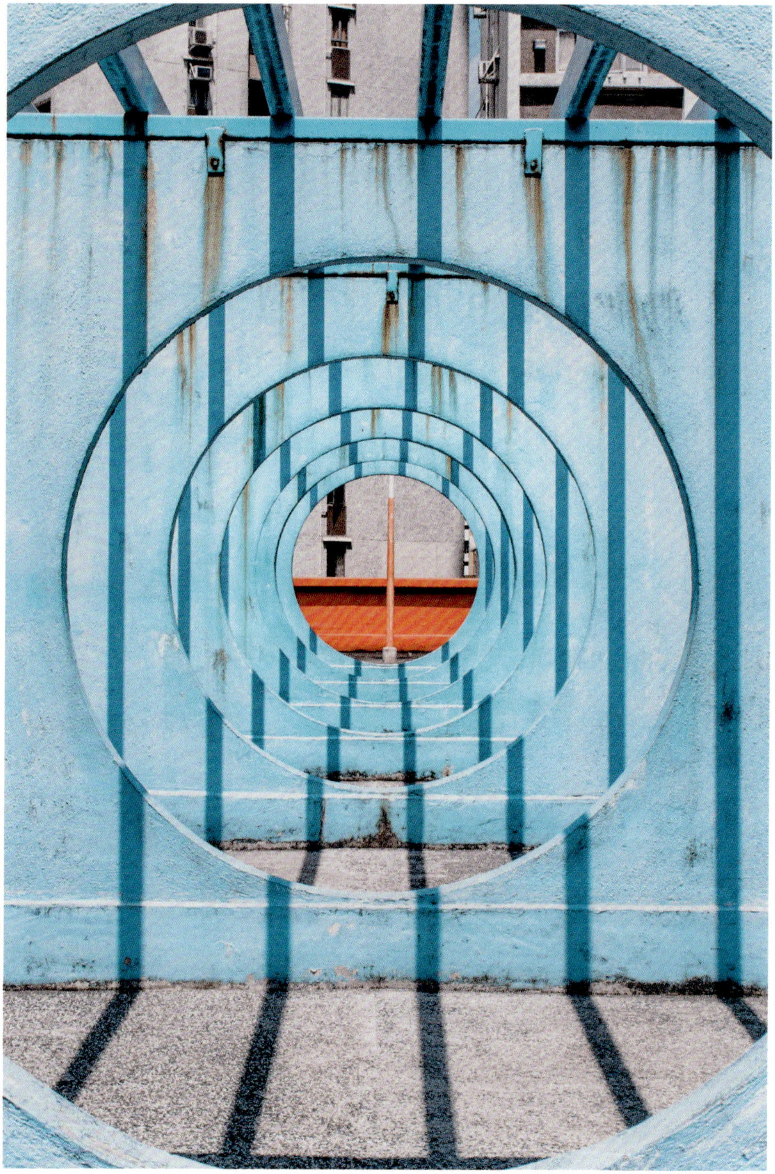

Perspektive

Die Natur kennt keine geraden Linien, doch unsere Städte sind voll davon, und oft sollen sie die Aufmerksamkeit in eine bestimmte Richtung oder auf einen Aussichtspunkt lenken. Der Trick beim Fotografieren ist, die Aufnahme so perfekt wie möglich zu gestalten – auf einer Höhe mit dem Horizont, parallel zu ebenen Oberflächen, um stürzende Linien zu vermeiden, und so weiter. Dies ist der richtige Zeitpunkt, um passende Hilfsmittel einzusetzen. Also nehmen Sie ein Stativ mit und verwenden Sie die Gitternetzlinien Ihres Displays oder Suchers, um alles auszurichten.

Joel Fulgenico hat sich hier der von der Mittagssonne geworfenen Schatten bedient, um die starken, sich wiederholenden vertikalen Elemente zu betonen. solche starken Kontraste sind für Porträts unvorteilhaft, aber fantastisch für grafische Bilder wie dieses.

GEGENÜBER:
Hongkong

Farbabgleich

Eine einfache Methode, eine Verbindung zwischen Porträtiertem und Umgebung herzustellen, ist, die Farbe der Kleidung mit dem Hintergrund abzugleichen. Dieses Porträt von Prince Akachi lebt davon, dass der reich strukturierte Hintergrund und das Muster des Blazers zusammen den Blick ins Bild ziehen und die Aufmerksamkeit auf die hervorstechenden Elemente lenken – das Gesicht des Models und die Handhaltung.

Das erfordert natürlich einiges an Vorausplanung, sowohl bei der Suche nach einem Ort oder der Einrichtung eines Sets, als auch bei der Auswahl der entsprechenden Kleidung. Mehrere Outfits mitzunehmen und einen dazu passenden Hintergrund zu suchen ist eine witzige Möglichkeit, um ein Modeshooting zu improvisieren.

GEGENÜBER:
From Mars with Hope
(Vom Mars voller Hoffnung)

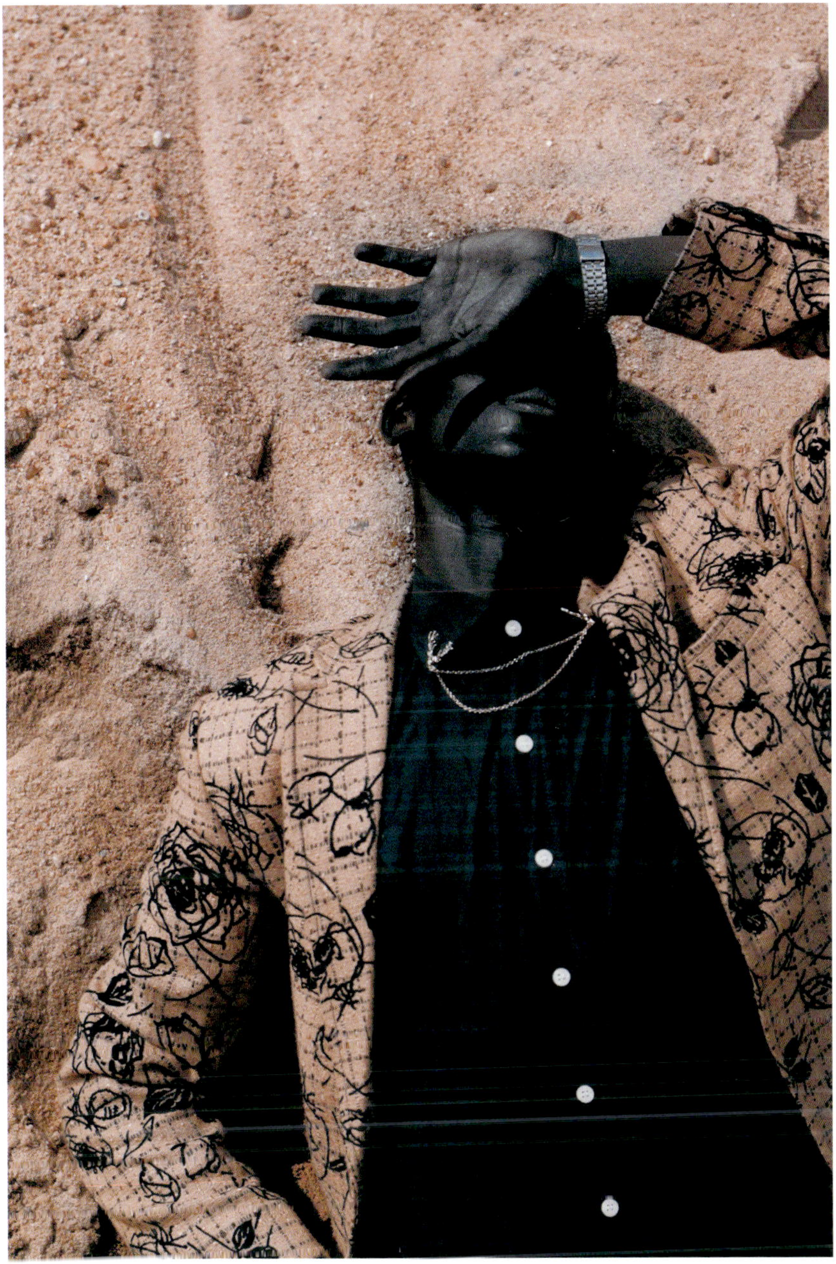

Fundstücke

Ist es Fotografie, wenn die Aufnahme nicht selbst gemacht wurde? Die meisten würden wohl spontan »Nein« antworten. Doch das Fotografieren an sich ist nur ein Teil eines viel längeren Prozesses: Später entwickeln Sie den Film oder importieren die Datei, sitzen mehr oder weniger lange an der Nachbearbeitung und entscheiden, wie und wo Sie die Ergebnisse präsentieren.

Millie Elliott mischt analoge und digitale Prozesse, um Bilder zu verändern. Sie bringt sie in neue Reihenfolgen und Zusammenhänge und löst sie damit von ihrer ursprünglichen Bedeutung. Der Betrachter ist eingeladen, seine eigene Geschichte zu formulieren.

Wenn Sie das nächste Mal das Gefühl haben, Ihnen fällt nichts ein, lassen Sie die Kamera zu Hause und widmen Sie Ihre ganze Kreativität dem anderen Ende des Prozesses. Suchen Sie auf Flohmärkten oder in lizenzfreien Archiven nach Fotografien oder tauschen Sie mit Freunden Fotos aus, die sie bearbeiten können.

UNTEN:
Aus der Serie *Work in Progress*
GEGENÜBER:
Aus der Serie
Order From Chaos is Common (Ordnung aus Chaos ist üblich)

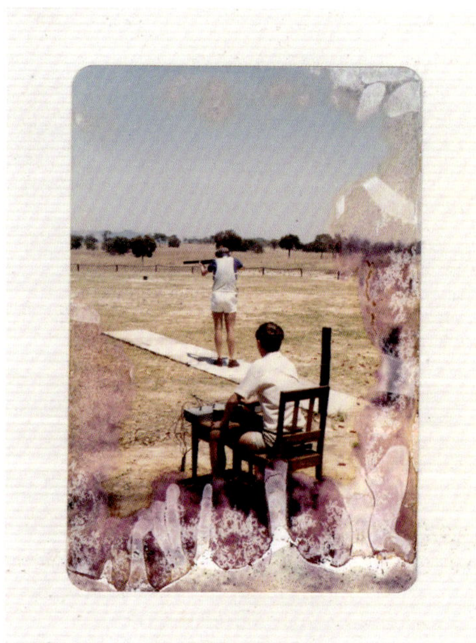

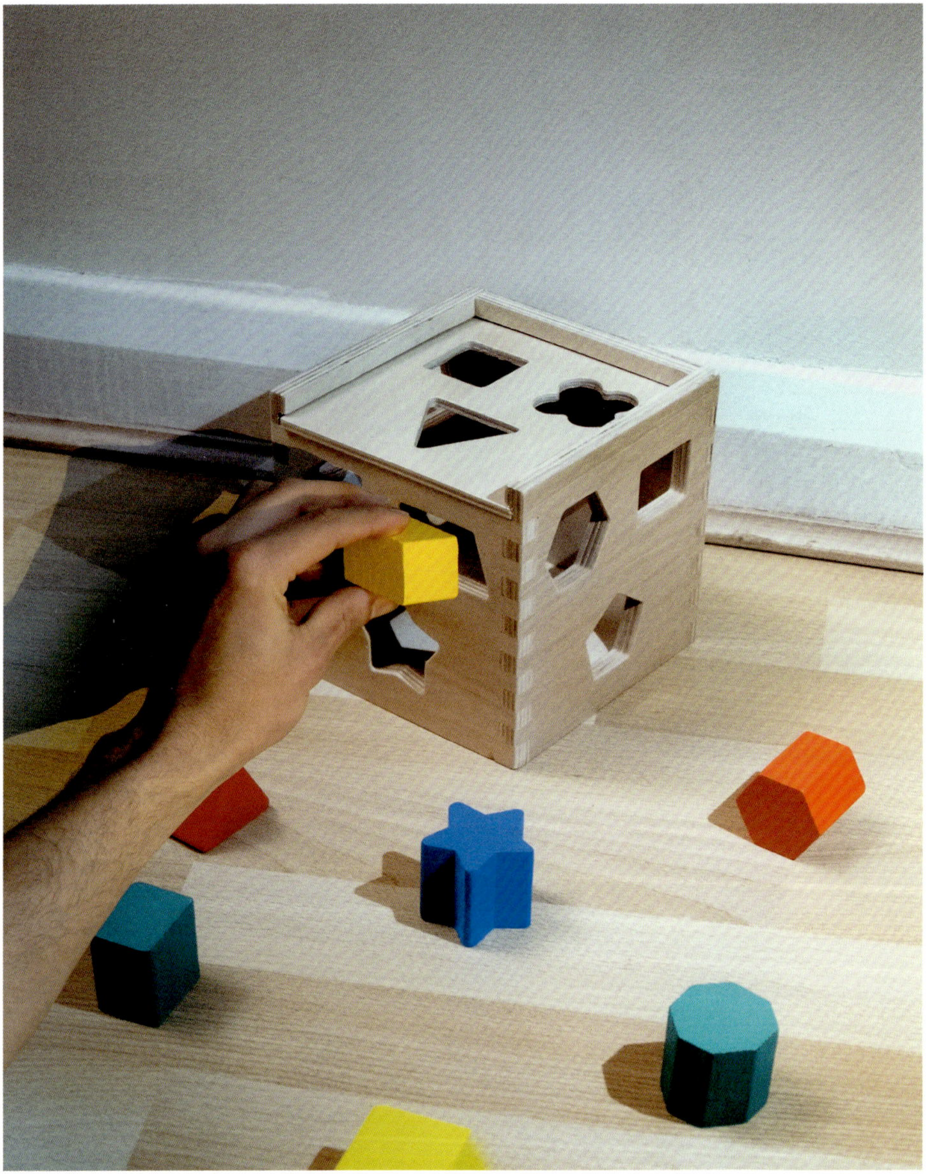

Hintergrund

Ibrahim Azabs Projekt *Out Of Touch* hinterfragt die Vorstellung fotografischer Authentizität und Autorität und die Bereitschaft der Betrachter, das zu glauben – oder gar zu spüren –, was sie sehen.

Die Bilder dieser Serie sehen auf den ersten Blick aus wie schlichte Kompositionen, doch durch das Einfügen eines interagierenden Körperteils in die Szene entsteht etwas Verblüffendes. Bei eingehenderer Betrachtung erweisen sich die Fotos sogar als noch seltsamer, denn der Betrachter erkennt, dass die Szene in Wirklichkeit ein fotografierter Hintergrund ist. Indem der Betrachter die optisch vorgetäuschte Interaktion entlarvt, wird ihm die haptische Natur der scheinbaren Berührung bewusst.

Ein Foto zu fotografieren ist eine interessante Möglichkeit, eine analoge Fotomontage zu schaffen. Falls Sie diese Technik ausprobieren wollen, überlegen Sie: Wie groß muss das darunterliegende Foto sein und auf welchen Bildträger sollte es ausgedruckt oder projiziert werden, um noch einmal fotografiert zu werden? Soll es realistisch aussehen, oder wollen Sie das Fake betonen? Soll Ihr Bild nur eine Aufnahme von der Realität entfernt sein oder mehrere?

GEGENÜBER:
Two Plus Years (Gut zwei Jahre) aus der Serie *Out Of Touch (Ohne Kontakt)*

Freelensing

Wenn Sie eine Kamera mit Wechselobjektiv besitzen, können Sie diese Technik ausprobieren, um außergewöhnliche Bilder mit einer unnatürlichen, extremen Tiefenschärfe zu schaffen. Beim Freelensing lösen Sie das Objektiv von der Kamera und halten es nur davor. Sie können weder den Fokussierring benutzen noch die Blende ändern, aber eine Aufnahme machen können Sie trotzdem.

Mit dieser Technik lassen sich die Effekte eines Tilt-und-Shift-Objektivs nachahmen: Der Fokus wird auf einen bestimmten Bildbereich gelegt, während der Rest aus dem Fokus geraten darf. Es funktioniert am besten bei Nahaufnahmen, wie etwa diesem von Florian Pérennès aufgenommenen intimen Porträt.

GEGENÜBER:
Sweet Dream (Süßer Traum)

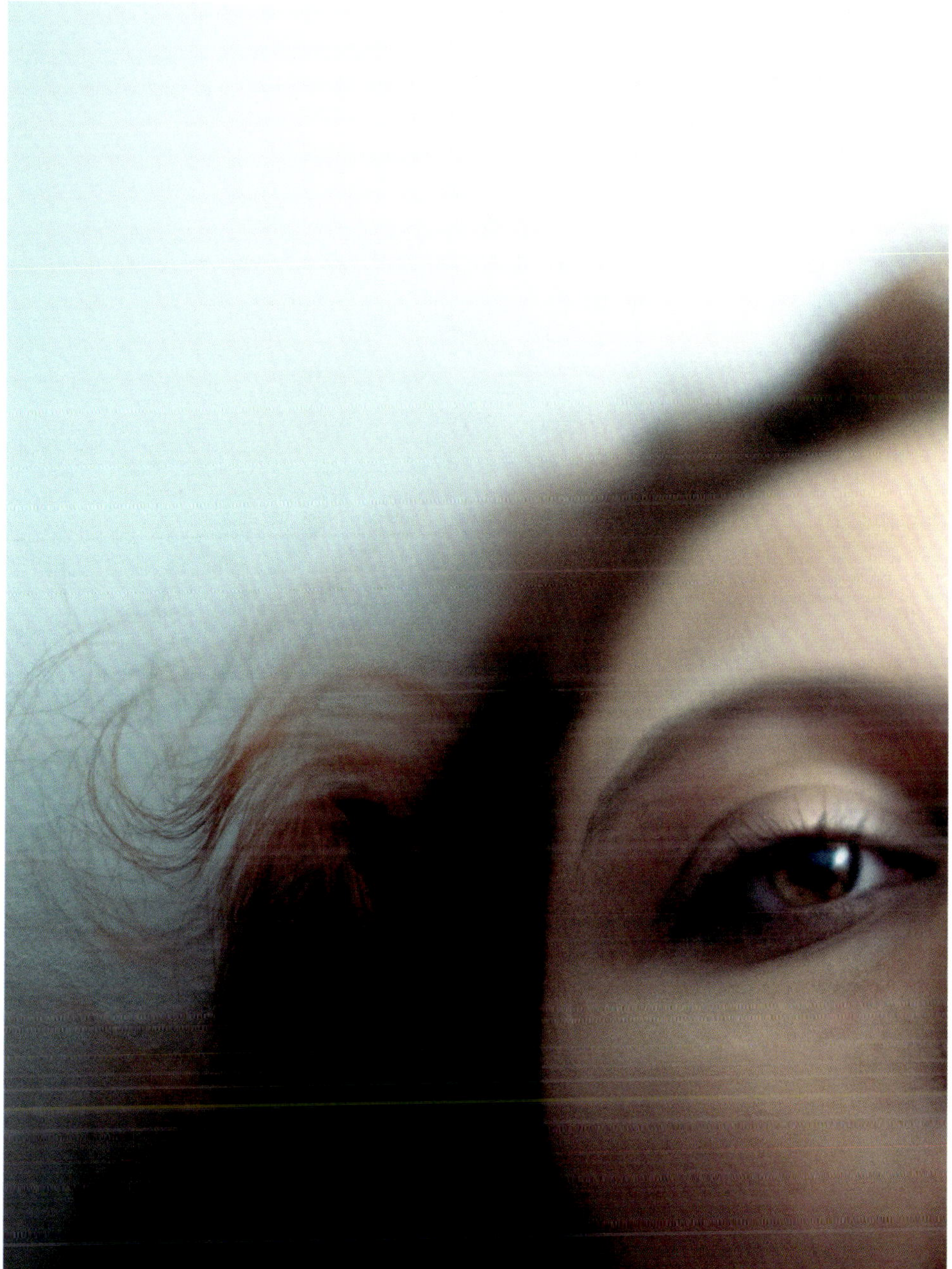

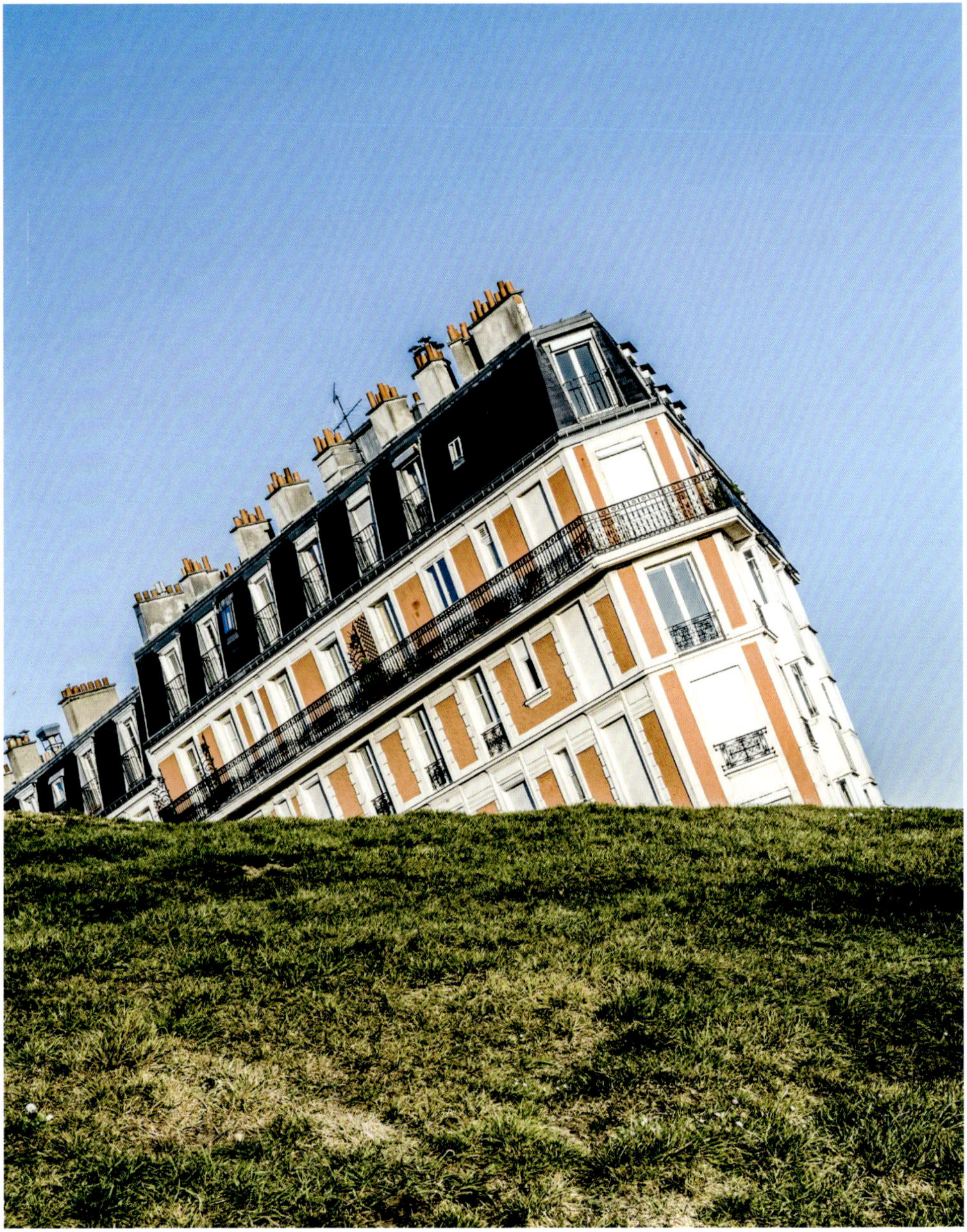

Kippfigur

Wenn Sie eine Aufnahme gestalten, haben Sie sehr viel Macht darüber, wie der Betrachter ein Bild wahrnimmt. Hier hat Léonard Cotte die Kamera parallel zur Hangneigung gekippt, statt sie am Gebäude dahinter auszurichten – eine unbedeutende Veränderung, die aus einem ganz normalen sonnigen Tag eine surreale Szene macht.

GEGENÜBER:
Swinging Perspective (Schwungvolle Perspektive)

Schattenzeichnungen

Cailean Couldridge spielt hier mit der klassischen Fotogramm-Technik, bei der Objekte direkt auf Fotopapier gelegt und belichtet werden. Das Ergebnis ist ein negatives Schattenbild, das nach der Entwicklung der Aufnahme sichtbar wird. Die festen Objekte zwischen der Lichtquelle und dem Papier zeichnen sich als weiße Schemen auf dem Schwarz des belichteten Papiers ab.

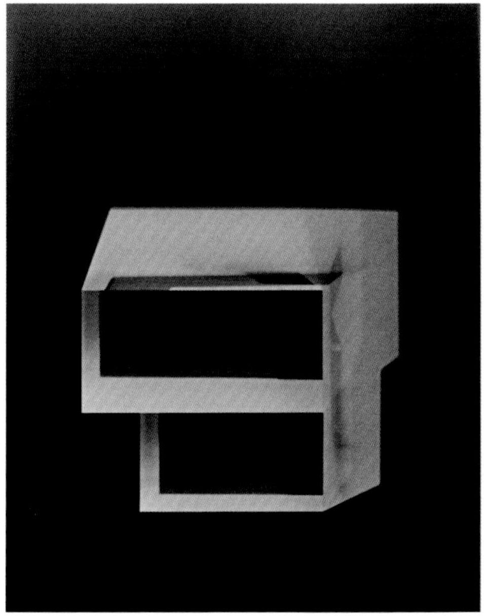

In dieser Serie hat Couldridge eine Flamme benutzt, um die Objekte auf das Papier zu »malen«. Durch Kontrolle der Lichtquelle formte er die Schatten und machte sie zu einem Teil des Bilds. Der Effekt wirkt zufällig, ist aber das Ergebnis einer wohlüberlegten Handlung.

Für Fotogramme brauchen Sie eine Dunkelkammer oder einen lichtdichten Raum. Weitere Inspirationen finden Sie bei Künstlern wie Man Ray und László Moholy-Nagy.

GEGENÜBER & OBEN:
Aus der Serie *Sketches of Shadows (Schattenzeichnungen)*

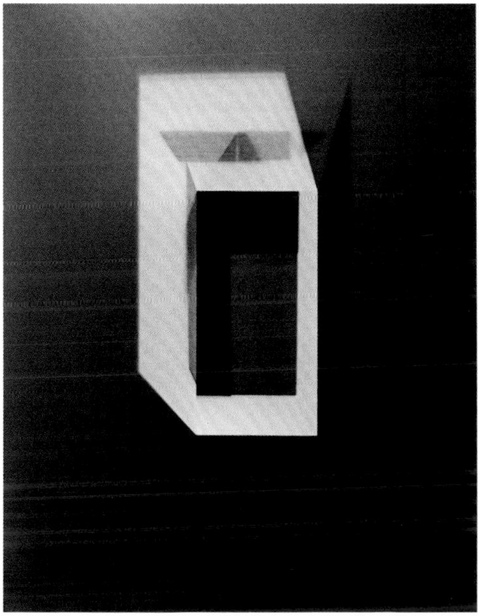

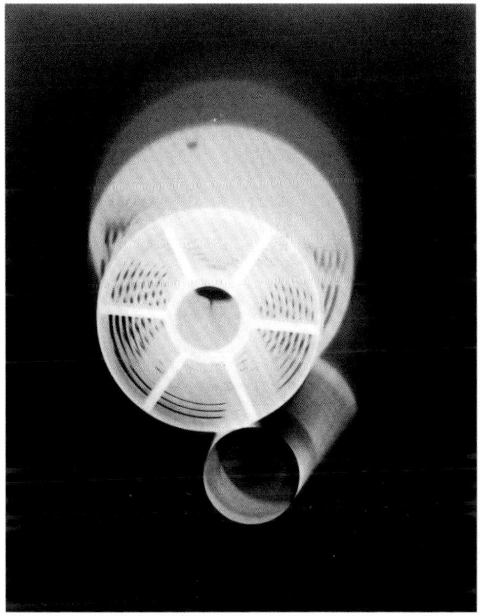

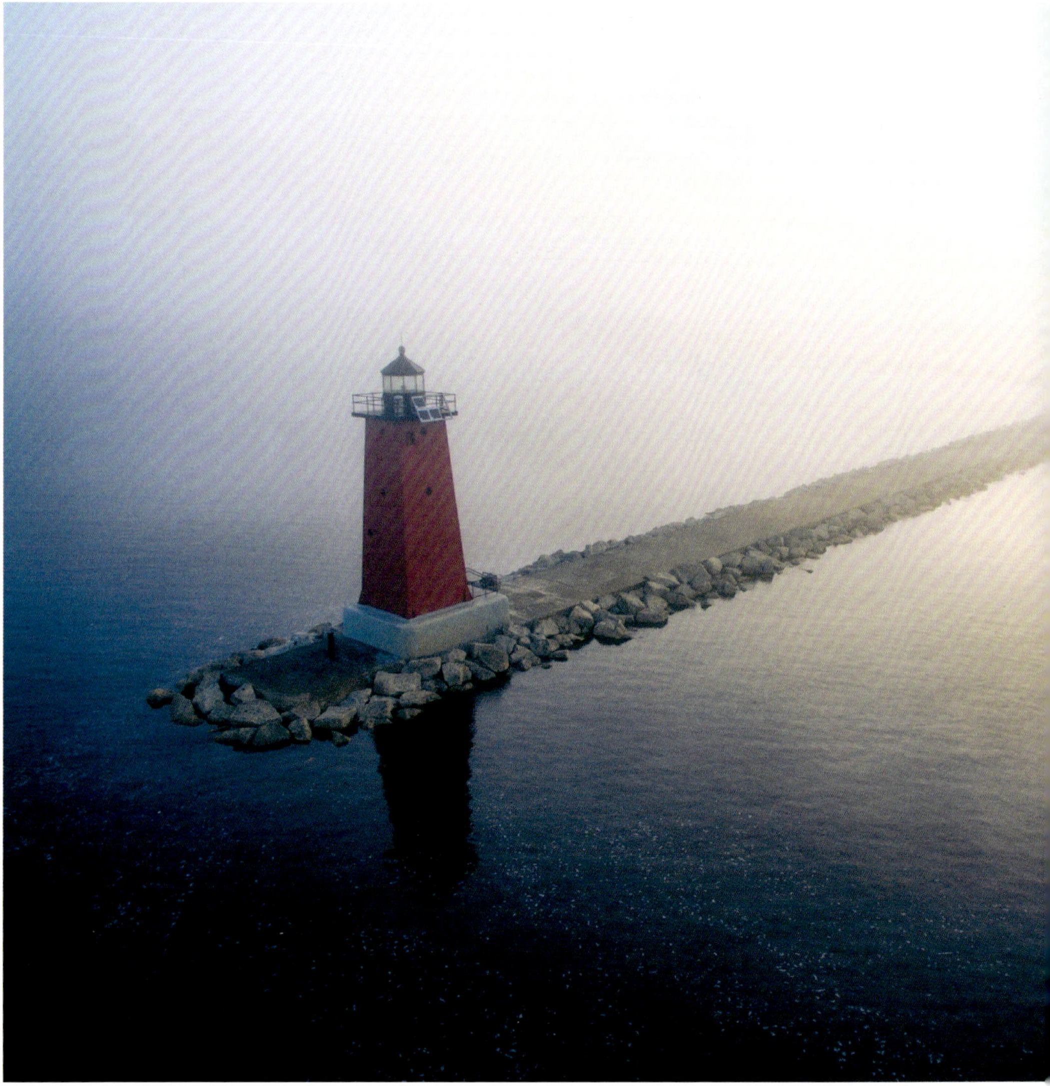

Vogelperspektive

Die Drohnenfotografie ist noch recht neu. Preiswerte Hobbydrohnen haben die Luftbildfotografie der breiten Masse geöffnet. Doch angesichts der Begeisterung für die neuen Möglichkeiten vergisst man leicht, der Bildkomposition die gebührende Aufmerksamkeit zu schenken. Ein Streifen offener Landschaft ohne klares Motiv, das den Blick auf sich zieht, kann aufgrund des ungewöhnlichen Aufnahmewinkels eine gewisse Wirkung erzielen, doch ein besonders gutes Foto ist es wahrscheinlich nicht.

Für dieses Bild hat Aaron Burden sein Motiv im Vorfeld ausgekundschaftet und dann gewartet, bis die Sonne den Leuchtturm so ausbalancierte. So entstand dieses Bild, bei dem es um mehr geht als nur um einen interessanten Aufnahmewinkel. Es erzielt seine Wirkung aufgrund von Können und Vorbereitung und nicht aus purem Glück.

LINKS:
Alone on the Water (Allein auf dem Wasser)

Collage

Peter Kirbys Bilder werden in Form einer digitalen Collage präsentiert. Auf den ersten Blick sieht es so aus, als läge über der Aufnahme eines Baums ein Gitter, doch bei genauerer Betrachtung offenbart sich, dass jede einzelne Aufnahme ein eigenes Foto ist. Es ist eine digitale Collage, die an David Hockneys fotografische »Joiners« erinnern, insbesondere an seine Collagen von Swimmingpools, die aus Dutzenden von Polaroids mit weißem Rand zusammengesetzt sind.

Kirbys Technik soll darstellen, wie wir unsere Umgebung wahrnehmen: Unsere Augen sammeln Informationen über Details, die unser Hirn in dem vereinten Bemühen von Sinneswahrnehmungen und Erinnerungen zu einem schlüssigen Bild zusammensetzt. Kein einzelner »entscheidender Moment«, sondern eine Reihe von Episoden, während unsere Augen das Bild Stück für Stück zusammenfügen.

Diese Methode eignet sich für unzählige unbewegte Motive. Ahmen Sie Kirbys Vorgehen nach, indem Sie alle Aufnahmen schnell hintereinander bei einen einzigen Shooting machen, sodass die Lichtverhältnisse durchgängig dieselben sind. Oder schauen Sie, was passiert, wenn Sie sie über einen größeren Zeitraum machen – einen Tag, eine Woche, einen Monat oder länger.

GEGENÜBER:
L'arbre merveilleux. Brittany
(Der wunderbare Baum. Bretagne)

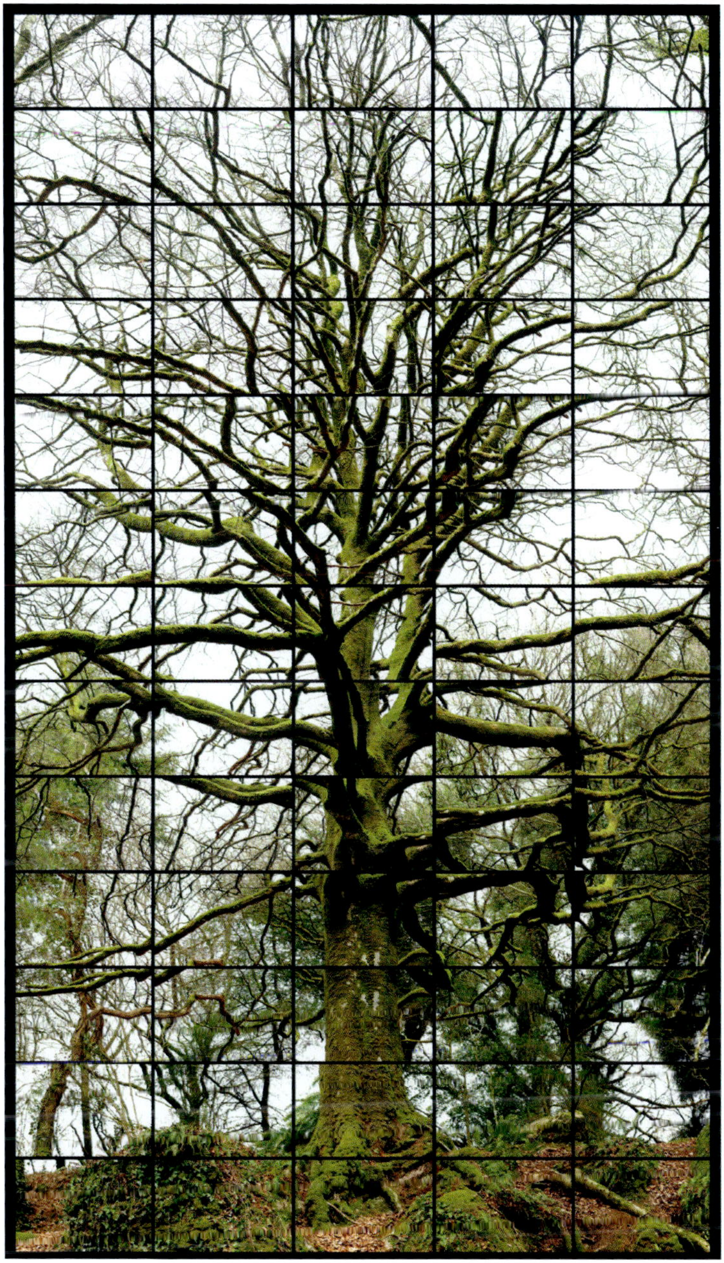

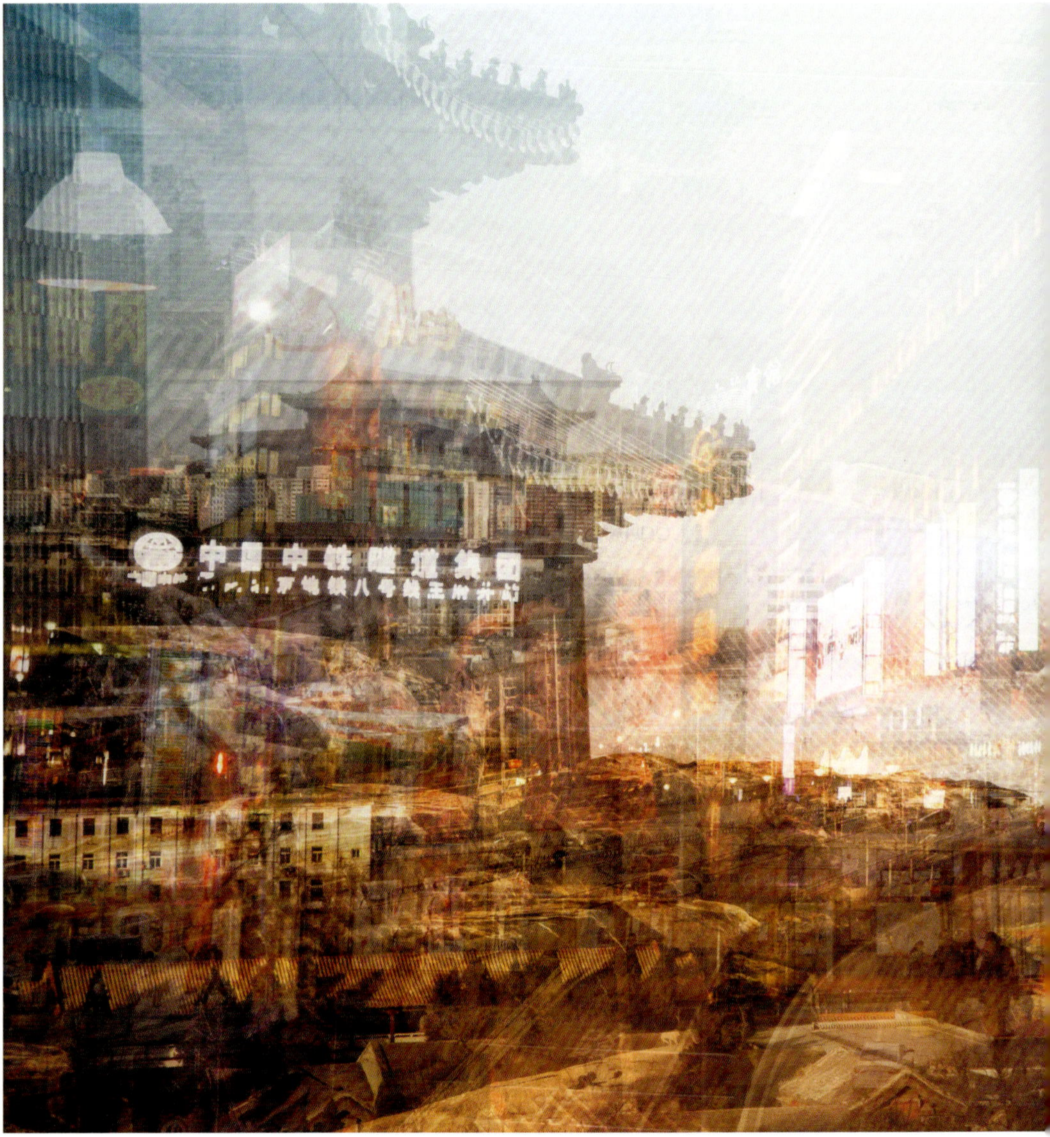
中国中铁隧道集团

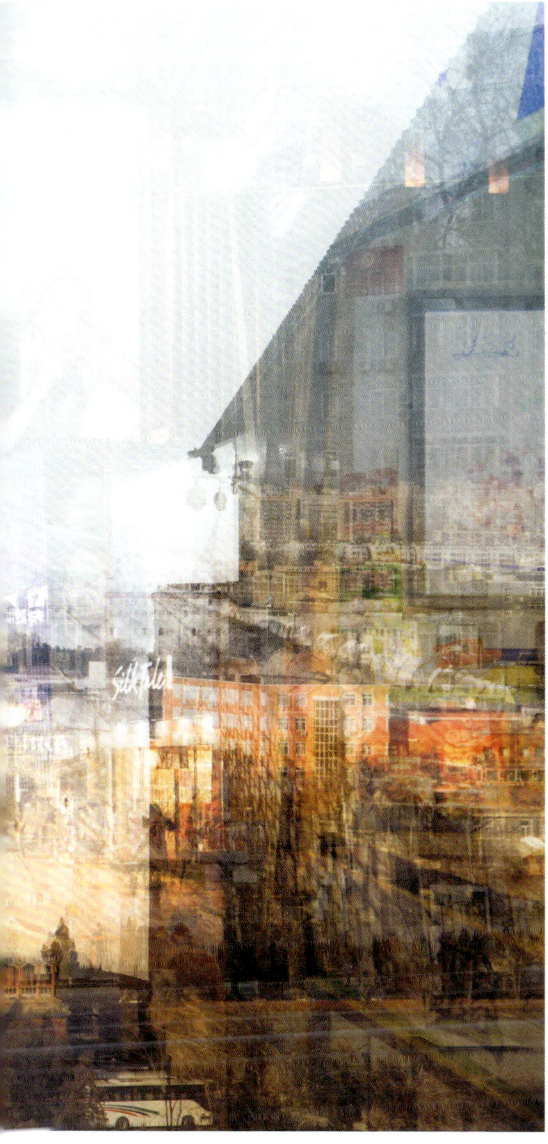

Mehrfachbelichtung

Mehrfachbelichtungen kommen oft zum Einsatz, um etwas Immaterielles darzustellen. Im Viktorianischen Zeitalter zeigten sie häufig »Geister«, die mit Beschwörern kämpften. El Lissitzky (in den 1920er) und Boris Mikhailov (in den 1960–70er Jahren) haben mittels dieser Technik ihre Vorstellung vom Leben und der Politik in der Sowjetunion zum Ausdruck gebracht – mit sehr unterschiedlichen, ihre jeweils individuelle Perspektive widerspiegelnden Ergebnissen.

Henry Rice' Serie *Mapping* will Erinnerungen an einen Ort beschreiben. Mehrere am selben Tag und Ort aufgenommene Fotos wurden unter Berücksichtigung von Farbe und Komposition zu einem Bild mit einer verwirrenden Fülle von teils deutlichen, teils verschwommenen Details digital überlagert. Mit Bildbearbeitungssoftware und Mehrfachbelichtungs-Apps lässt sich diese Technik leicht ausprobieren.

LINKS:
Beijing aus der Serie *Mapping (Kartierung)*

Das Medium als Botschaft

Wie viele zeitgenössische Fotokünstler hält Katie Bret-Day nichts von Manipulation mittels Photoshop, sondern zieht physische Techniken vor, die zu unvorhersehbaren Ergebnissen und einer einzigartigen Bildsprache führen. Für dieses Bild verwendete sie eine Kombination aus Azetat, Digitalprint, Schneidearbeiten und flüssigem Latex. Letzterer sickert durch die Schichten und verzehrt die vielen Gestalten. Im Zentrum der Serie steht der menschliche Körper, insbesondere die »Materialität von Identität und Bild«, also sind die materiellen Eigenschaften des Werkes wesentlich. Der Latex bildet eine synthetische Haut, die ausläuft, verbindet und verbirgt; die Wahl dieses Materials steht – sowohl wegen der damit verbundenen Assoziationen als auch wegen dem, was Bret-Day damit macht – für das Thema Sexualität, mit dem sie sich hier auseinandersetzt.

Experimentieren Sie mit Ihren eigenen Herangehensweisen an das Medium. Überlegen Sie, wie Sie ein Bild erzeugen könnten, außer es auf Fotopapier zu drucken oder es auf Ihre Webseite oder Lieblingsplattform hochzuladen. Ließe sich, wenn Ihr Thema zum Beispiel Mode ist, aus Ihren Bildern ein Fashion Print machen? Wenn Sie eine Lebenswelt erkunden, könnten Sie vielleicht Elemente aus Ihrer Umwelt integrieren. Schauen Sie, wie weit Sie das Medium zu einem Teil Ihrer Botschaft machen können.

GEGENÜBER:
Aus der Serie *Lacuna*

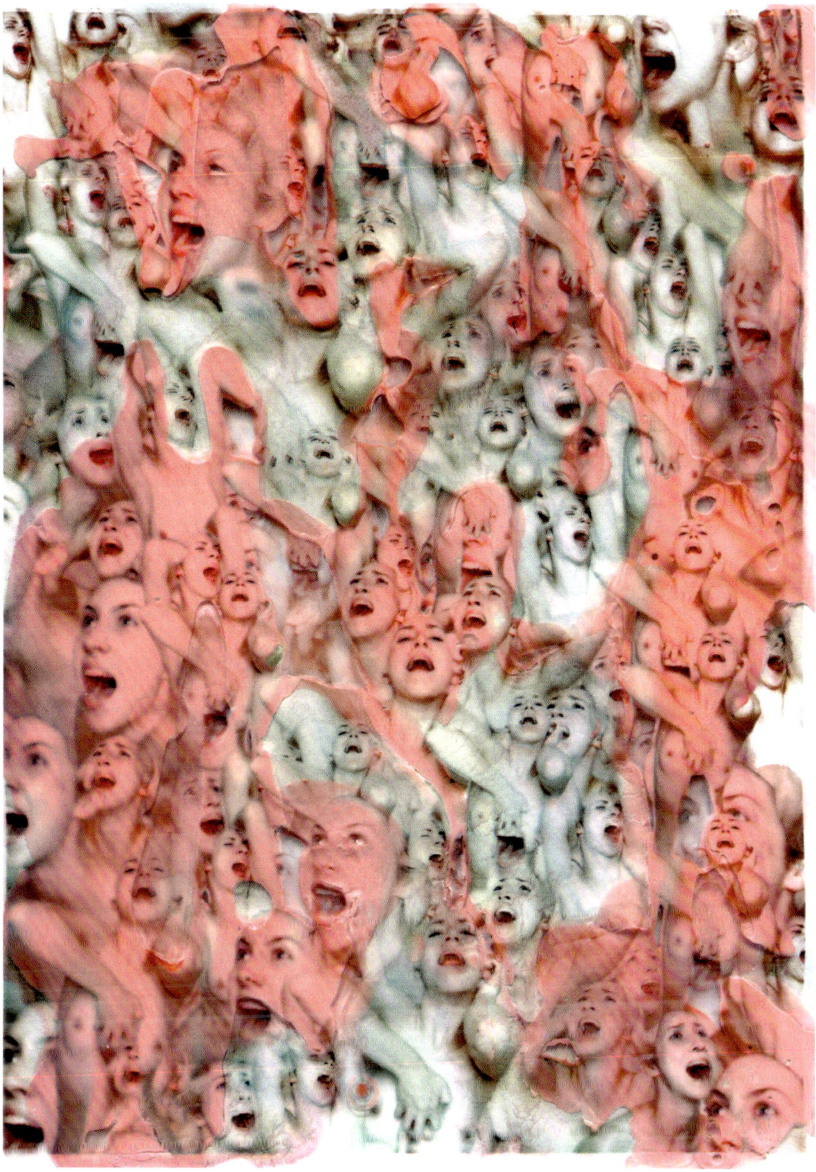

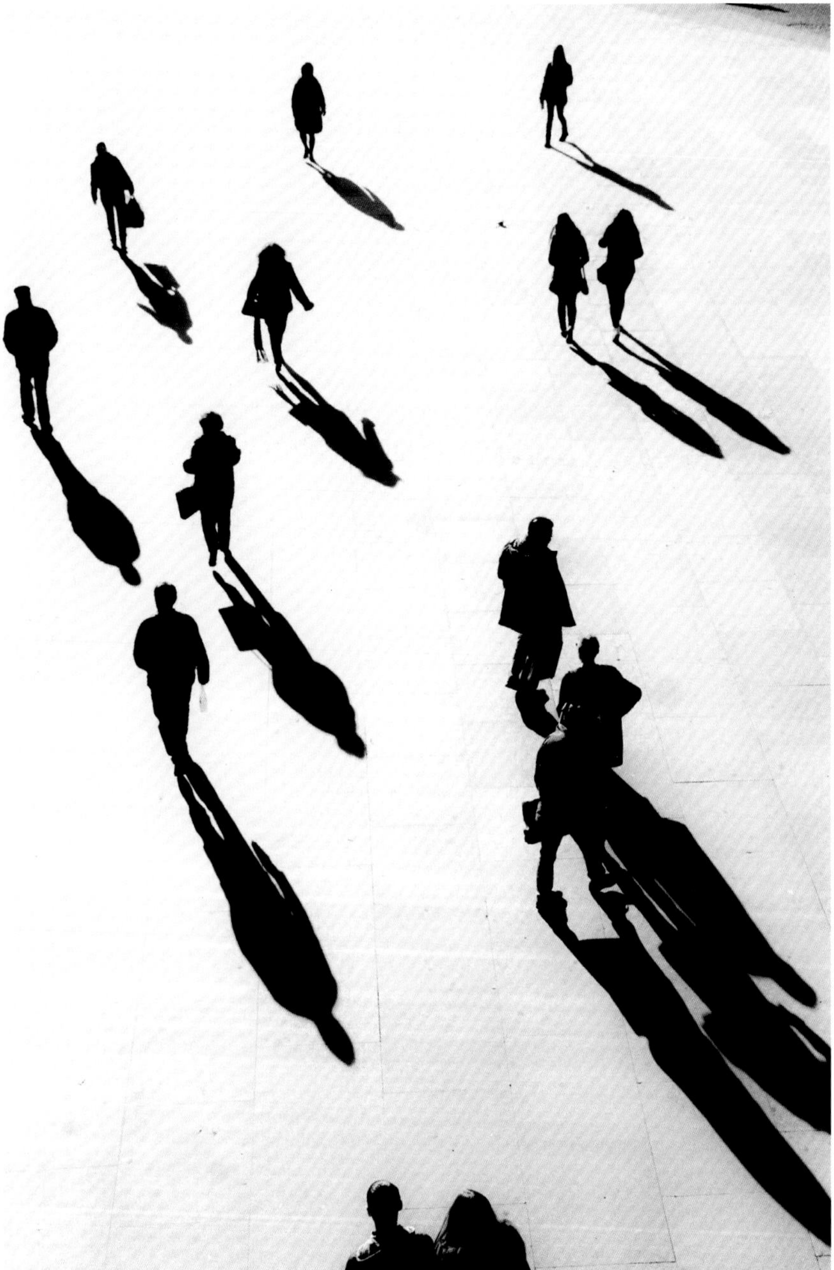

Gerichtetes Licht

Lassen Sie sich eine Situation mit starkem, gerichtetem Licht nicht entgehen. Wenn die Sonne kurz nach Sonnenaufgang oder kurz vor Sonnenuntergang tief am Himmel steht, bekommen alle Objekte in Ihrem Bild eine weitere Dimension: lange Schatten, die sich von der Sonne weg strecken. Dass alle Schatten in dieselbe Richtung fallen, kann disparate Elemente, denen es im Bild sonst an Zusammenhalt fehlen würde, verbinden.

In diesem Bild hat Alberto Cabanillas die Schatten noch betont, indem er die Aufnahme in ein kontraststarkes Schwarzweißbild umgewandelt hat. Herausgekommen ist ein starkes, grafisches Bild, das ohne die langen, sich diagonal durchs Bild streckenden Schatten leer und schwach wäre.

GEGENÜBER:
People Walking on Street
(Menschen auf der Straße)

Thermografie

Für ihre Serie *Heat Signature* aus dem Jahr 2016 hat Vera Hadzhiyska sich der Wärmebildfotografie bedient, um die menschliche Existenz zu erforschen. Nur ein lebender Körper verströmt Hitze, also vergleicht Hadzhiyska das individuelle Wärmebild ihrer Porträtierten mit der einzigartigen Spur, die jeder Mensch in seinem Leben auf der Welt hinterlässt.

Hadzhiyskas Projekt steht in einer langen Tradition der Fotografie, die für das Auge nicht wahrnehmbare Momente bildlich festhält. Normalerweise sind das blitzschnelle Bewegungen oder Aufnahmen mit kleiner Blende mit einer extremen, weit über das menschliche Auge hinausgehenden Tiefenschärfe; bei Wärmebildern ist es die Infrarotstrahlung, die durch ein Spektrum von Weiß am heißesten Ende über Gelb, Orange, Rot, Lila, Grün und schließlich Blau am kältesten Ende abgebildet wird.

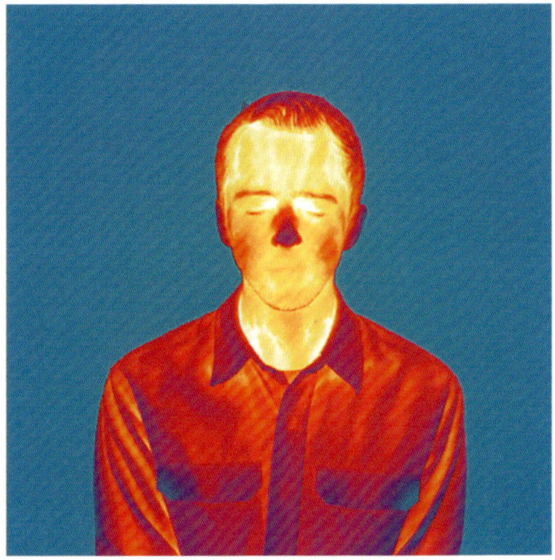

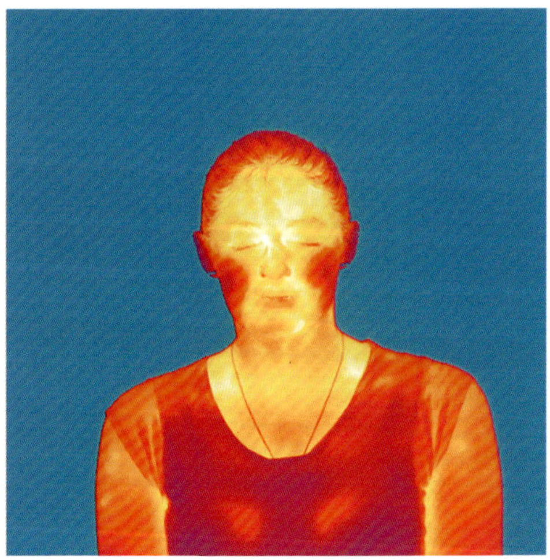

RECHTS & GEGENÜBER:
Aus der Serie
Heat Signature (Wärmesignatur)

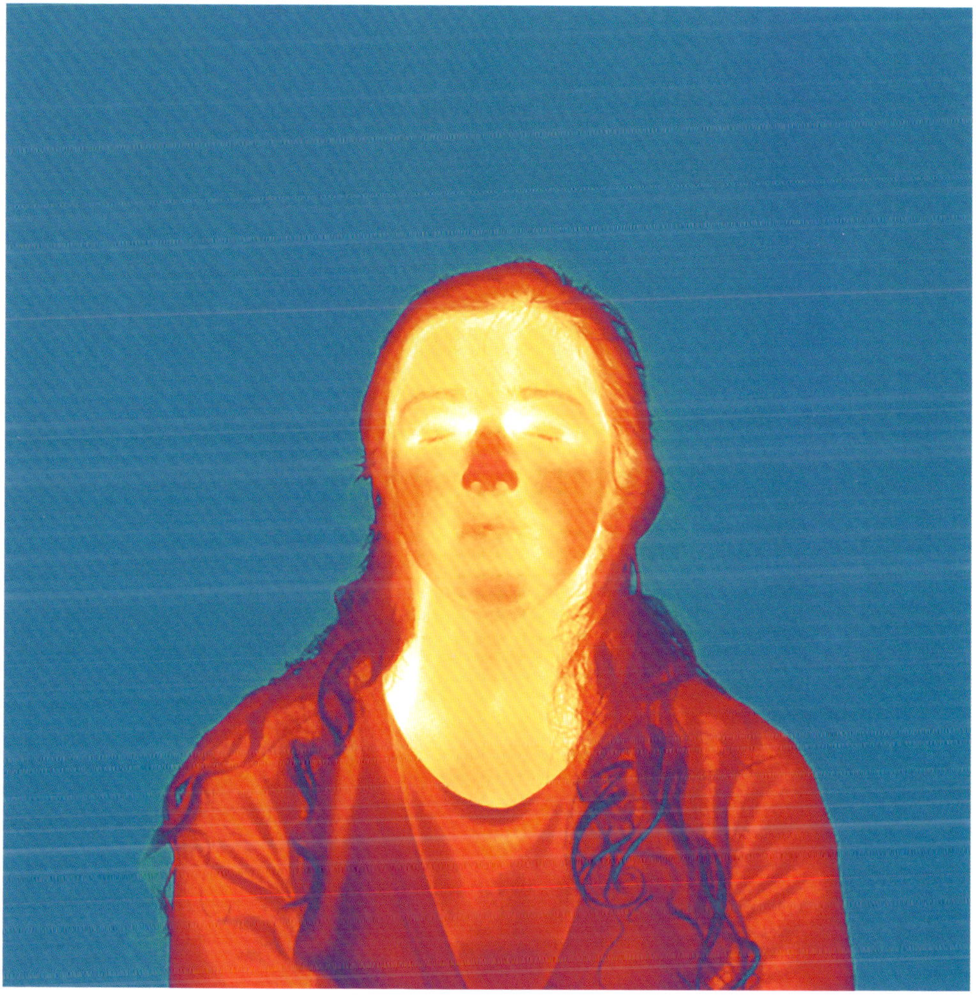

Zerstören Sie Ihre Negative

Zak Dimitrovs Technik entstand aus dem Frust über die winzigen Unvollkommenheiten seiner Bilder. So fing er an, die Negative bewusst zu zerkratzen und zu bleichen, bevor er sie entwickelte. Der Effekt liegt irgendwo zwischen Abbildung und Abstraktion; Teile der aufgenommenen Motive bleiben aufreizend sichtbar, doch Farben, Formen und Texturen dominieren. Diese Technik ist ein Austarieren zwischen Zufall – wenig Kontrolle beim Bleichvorgang – und Absicht – viele präzise Kratzer. Die Betrachter werden animiert, sich den Ergebnissen zu nähern wie den Tintenklecksen beim Rorschachtest, mit ihren eigenen Interpretationen und Assoziationen.

GEGENÜBER:
Aus der Serie
Ruptured (Zerrissen)

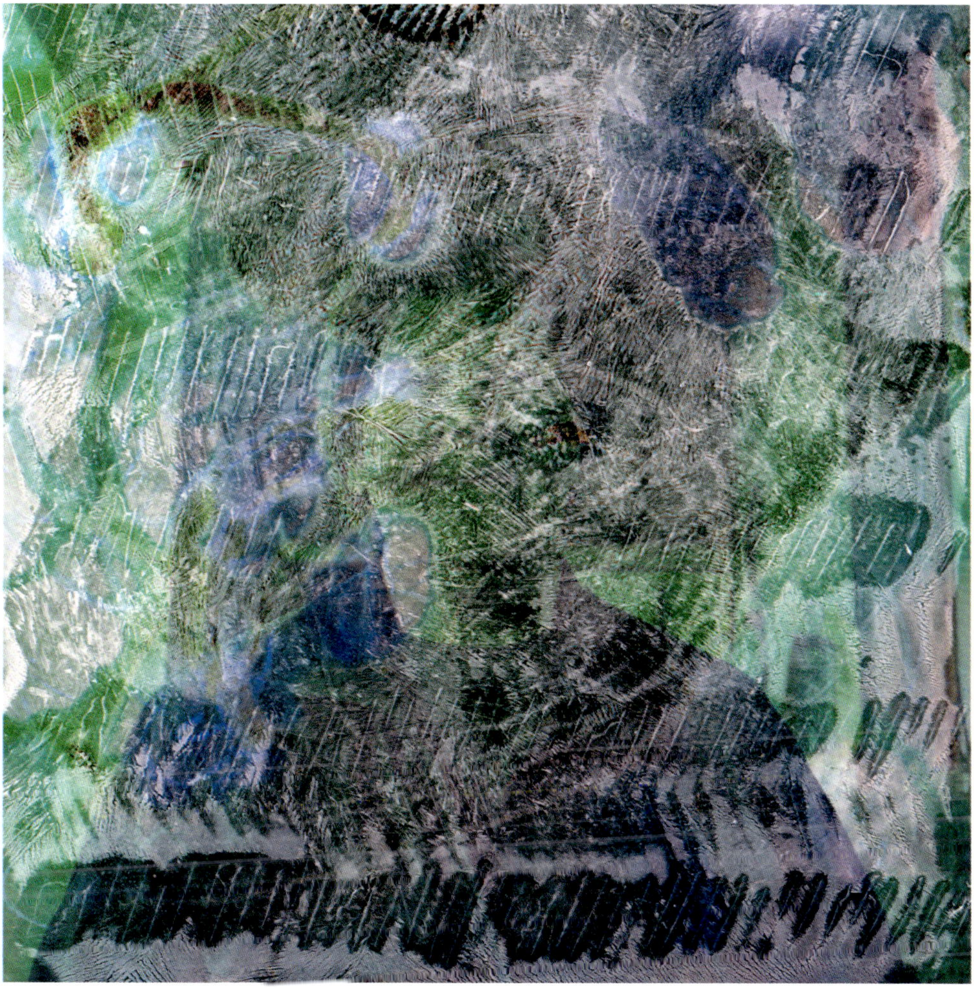

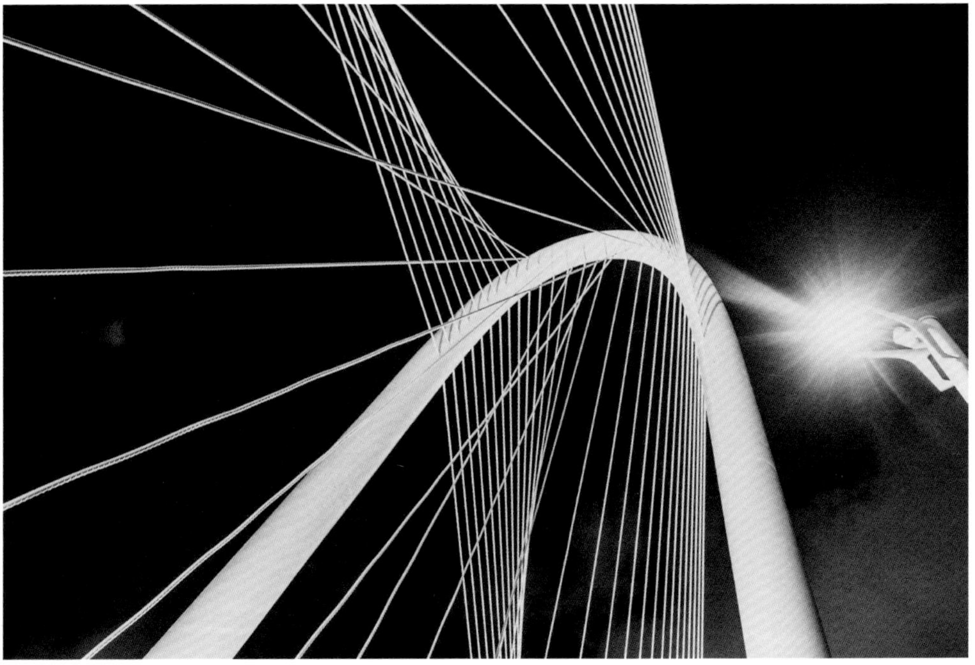

Folgen Sie den Linien

Je größer eine Stadt ist, desto eher ergibt sich die Möglichkeit, sie aus einem ungewöhnlichen Blickwinkel einzufangen. Riesige Bauwerke wie diese Brücke können aus dem richtigen Winkel zu etwas Abstraktem werden, besonders wenn man sie in kontrastreiche Schwarzweißfotos umwandelt, wie der Fotograf Timothy Kolczak es hier gemacht hat. Die vielen Linien ergeben zusammen ein zittriges Gefühl von Tiefe – die korrekte Perspektive kommt in den Blick und rutscht wieder hinaus, und das Auge des Betrachters wird ein ums andere Mal über das Bild geleitet.

Wenn Sie das nächste Mal ein Gebäude oder eine Struktur mit starken geometrischen Elementen fotografieren, nehmen Sie sich die Zeit, eine ungewöhnliche Perspektive zu suchen, die mehr tut, als nur das Äußere abzubilden.

GEGENÜBER:
Monochrome Metal
Wire Bridge
(Monochrome Stahlseilbrücke)

Im Raster

Elemente im Vordergrund lenken manchmal ab, doch bei anderer Gelegenheit lässt sich damit ein Rahmen um das Motiv oder, wie in diesem Fall, mehrere Motive setzen. René Burri schuf hier eine starke Komposition, in der er sich den geometrischen Kontrast zwischen den Fenstern und den Diagonalen der Treppen dahinter zunutze machte und die Gestalten, die hinauf und hinunter gehen, verschleierte, sodass wir nur ihre gruseligen Schatten wahrnehmen und das Gefühl haben, von draußen hineinzuschauen.

Halten Sie Ausschau nach Rastern. Eine moderne urbane Umgebung ist dafür besonders gut geeignet – denken Sie an gläserne Bürohäuser, Einkaufspassagen, Geländer und Autofenster – und beschränken Sie sich nicht auf die Horizontale; wenn Sie hoch hinauf steigen und nach unten blicken, entdecken Sie, dass auch Fahrbahnmarkierungen und strukturelle Elemente ein Raster bilden. Mit einem Zoomobjektiv lassen sich das Raster und die Motive darin aus dem größeren Zusammenhang lösen und abstrahieren.

GEGENÜBER:
Interbau, Internationale Bauausstellung, West Berlin 1957

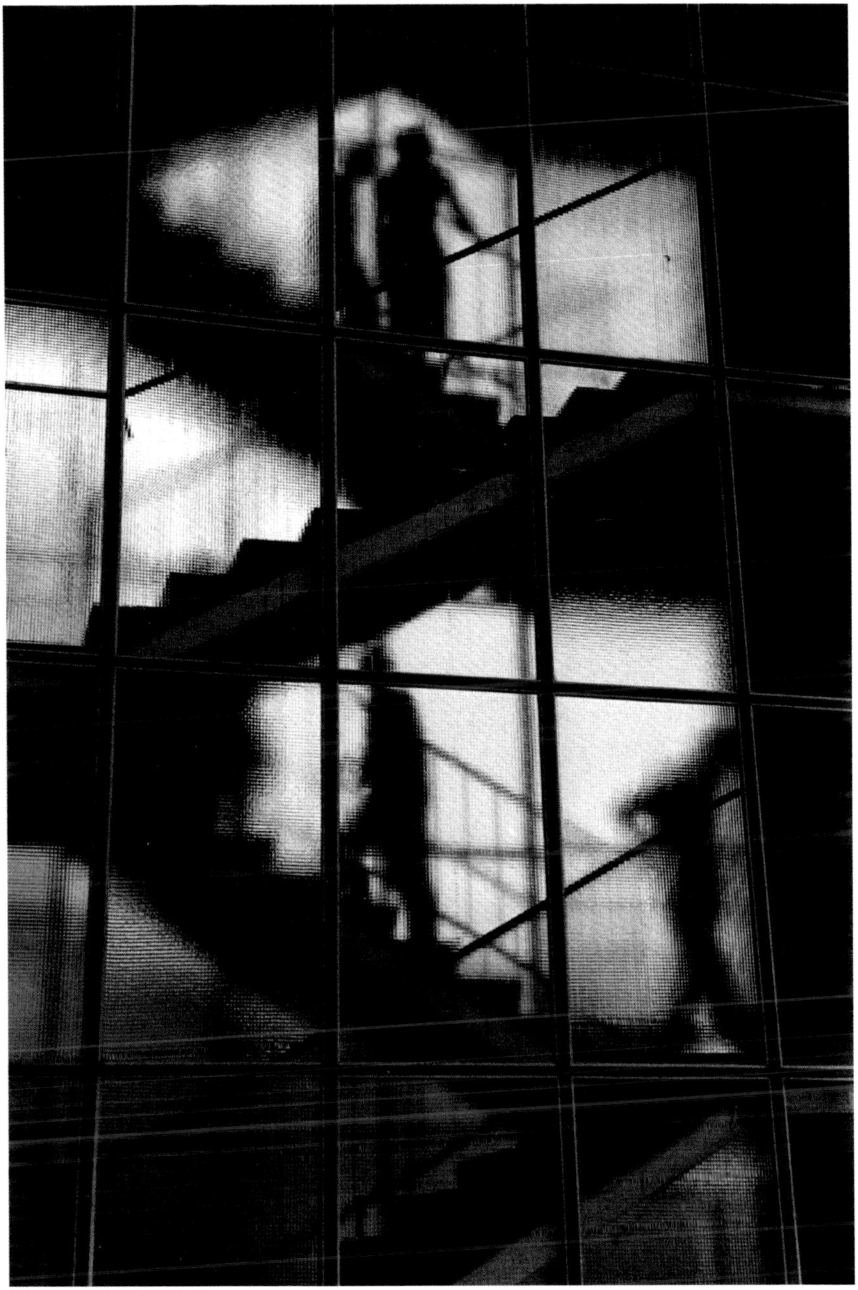

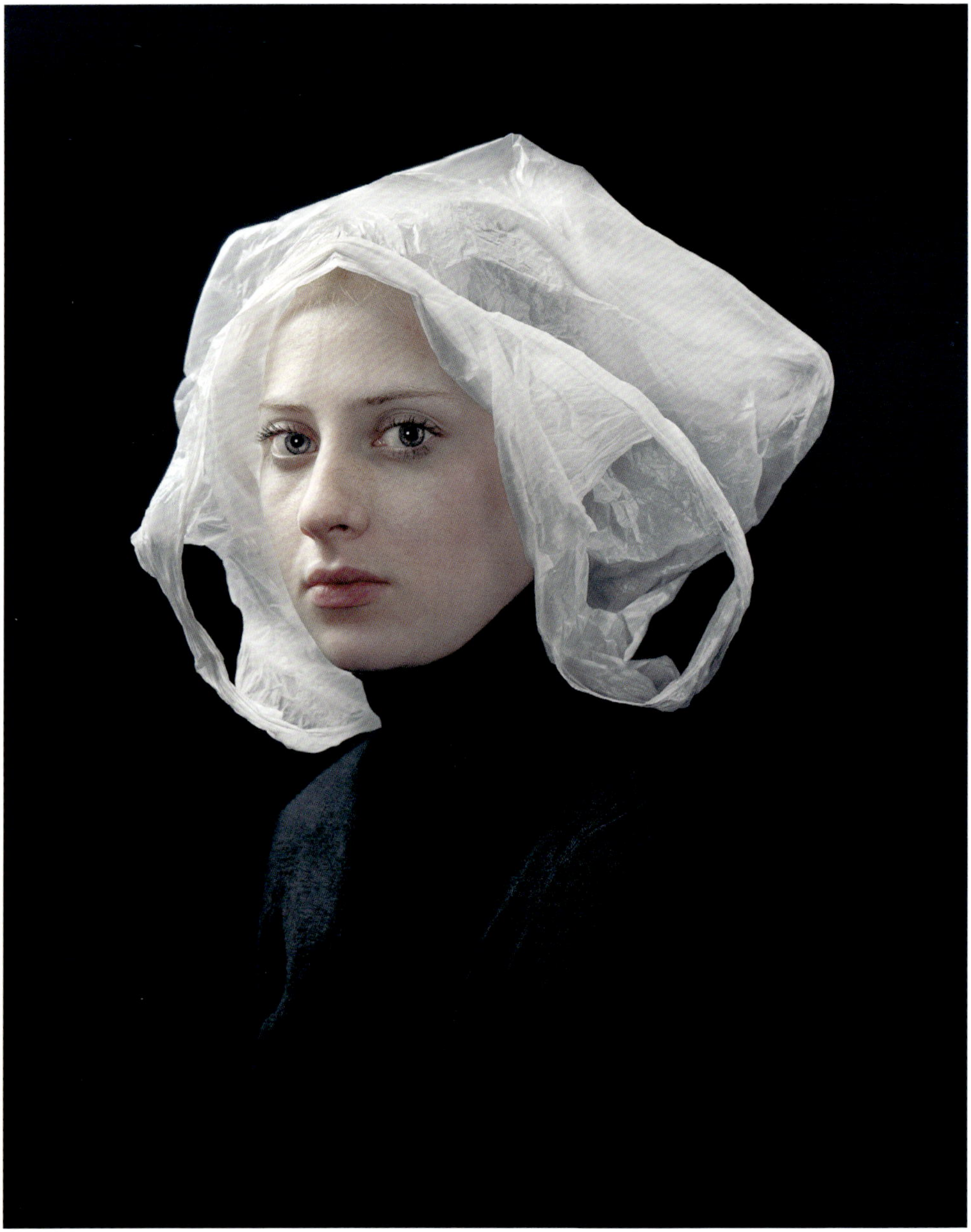

Ahmen Sie die Meister nach

Bei Ihrer nächsten Porträtsession müssen Sie das Rad nicht neu erfinden – das Porträtieren hat eine lange und reiche Tradition in einer Vielzahl von Stilen, von denen sich etliche in die Fotografie überführen lassen. Hendrik Kerstens ahmt hier die niederländische Tradition nach, indem er sich des Chiaroscuro – starker Hell-Dunkel-Kontraste – sowie einer klassischen Pose bedient, während er das Porträt durch die simple Verwendung einer Plastiktüte statt eines Häubchens fest in der Gegenwart verankert.

Dieser Ansatz funktioniert nicht nur bei Porträts, sondern auch bei anderen Motiven: Stehlen Sie die Komposition eines Stilllebens, ahmen Sie die Impressionisten nach, indem Sie sich intensiv mit dem perfekten Licht für eine Landschaftsaufnahme beschäftigen, oder wenden Sie sich den Techniken der Surrealisten zu, wie der Collage. Die Kunstgeschichte ist eine einzige Schatzkammer, da sollten Ihnen die Ideen nicht ausgehen.

GEGENÜBER:
Bag (Tüte)

Tarnfarbe

Cody Davis hatte die simple Idee, die Orange passend zum blauen Hintergrund anzumalen, wodurch ein schlichtes, sehr grafisches Bild entstand, das auf dem Kontrast zwischen den Komplementärfarben beruht. Wenn Farbe das wichtigste Merkmal eines Objekts ist, lässt sich die Aufmerksamkeit damit wunderbar auf das Objekt lenken. Sie könnten diese Technik auf Porträts übertragen, indem Sie Ihr Model bis auf, sagen wir, Augen und Lippen mit (natürlich hautverträglichen) Farben anmalen, die zum Hintergrund passen.

Besonders geschickt an diesem Bild ist die Art und Weise, wie die Farbe die Aufmerksamkeit auf das saftige Innere der Frucht lenkt. Es sieht absolut verlockend aus. Diese Technik funktioniert bei vielen Motiven, doch bei Pflanzen, Früchten, Menschen oder Tieren ist die Überraschung durch den Kontrast wohl am stärksten.

RECHTS:
Blorange

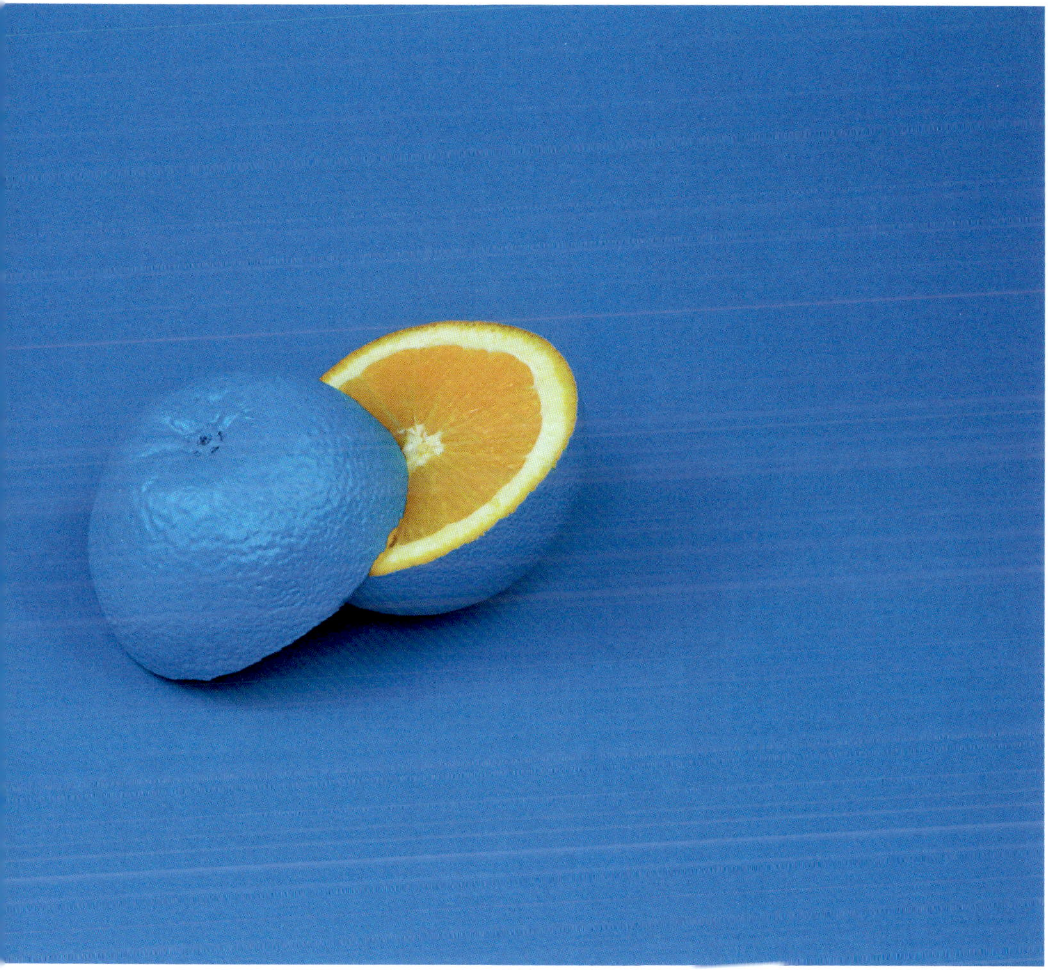

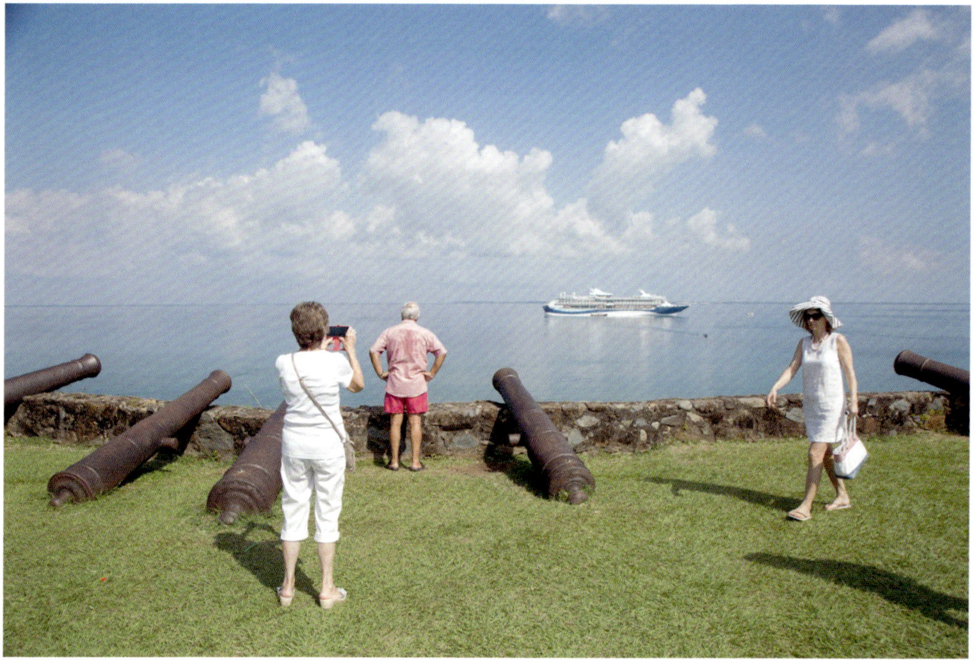

Gegenüberstellung

In den 1970er Jahren dokumentierte Susan Meselas die sandinistische Revolution in Nicaragua; der Konflikt in Mittelamerika ist ihr also nicht fremd. 2018 reiste sie nach Trujillo in Honduras, um die Geschichte eines ganz anderen Konflikts zu erzählen – nämlich der Verdrängung der Volksgruppe der Garifuna durch die wachsende Tourismusindustrie. Meiselas nutzte hier das Nebeneinander von Touristen, die an einem sonnigen Tag Schnappschüsse machen, während in der Ferne ein Kreuzfahrtschiff vor Anker liegt, und den Kanonen, die von der kolonialen Vergangenheit des Landes erzählen und andeuten, dass sich die Geschichte hier wiederholt. Moderne Formen der Invasion und Landnahme sind vielleicht weniger gewalttätig als früher, können aber genauso verheerend sein.

Recherchieren Sie, wenn Sie auf Reisen gehen, um etwas über die Geschichte Ihres Zielortes zu lernen, und halten Sie die Augen offen, wo sich das Alte mit dem Neuen mischt oder wo visuelle Elemente widersprüchliche Geschichten erzählen. Schauen Sie, was für eine Erzählung Sie schaffen können, indem Sie sie zusammen in eine Aufnahme bringen.

GEGENÜBER:
HONDURAS. Trujillo. 2018. Tourists visit Fort Santa Barbara (Touristen besuchen Fort Santa Barbara)

Reagieren Sie auf Musik

Simon Bray erforscht unsere Beziehung zu Orten und deren Einfluss auf unsere Identität. Die hier gezeigten Aufnahmen stammen von den Orten, die Brian Eno 1982 zu seinem bahnbrechende Album *Ambient 4: On Land* inspirierten. Sie wurden mit einer analogen Pentax ME Super auf Ilford-Film aufgenommen, die beide etwa zur selben Zeit beliebt waren, als die Musik entstand.

Für dieses umfassende Projekt spürte Bray die vier auf dem Album genannten Orte auf – Lizard Point, Lantern Marshes, Dunwich Beach und Leeks Hills in Cornwall und Suffolk in Großbritannien – und machte die eigentümliche, ätherische Musik zum Ausgangspunkt für seine Fotografien. Die entstandenen Bilder sind eine persönliche Reaktion auf die Landschaft und auf die Musik, die nicht nur einen transformativen Einfluss auf das hat, was gesehen wird, sondern auch auf die Bildsprache, die daraus entsteht.

GEGENÜBER:
Aus der Serie *Ambient 4: On Land*
(Umgebung 4: An Land)

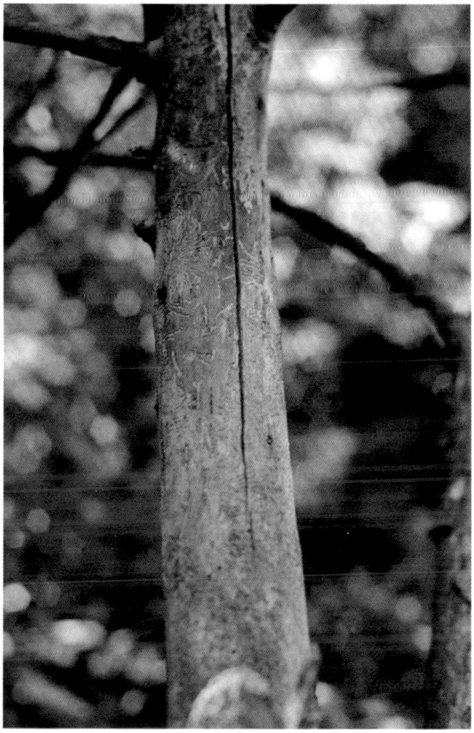

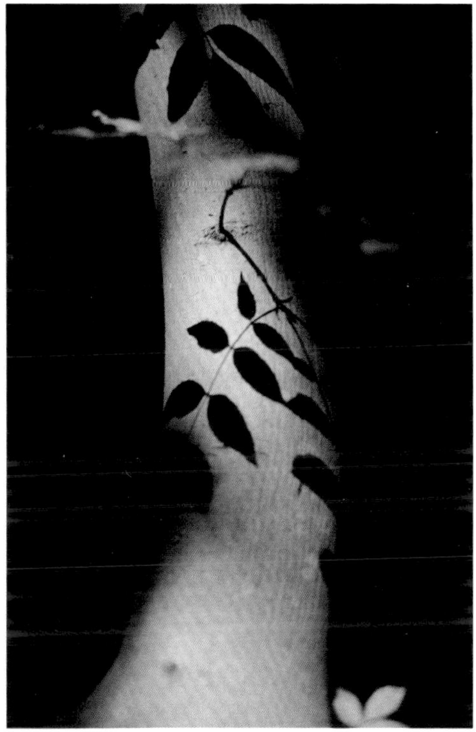

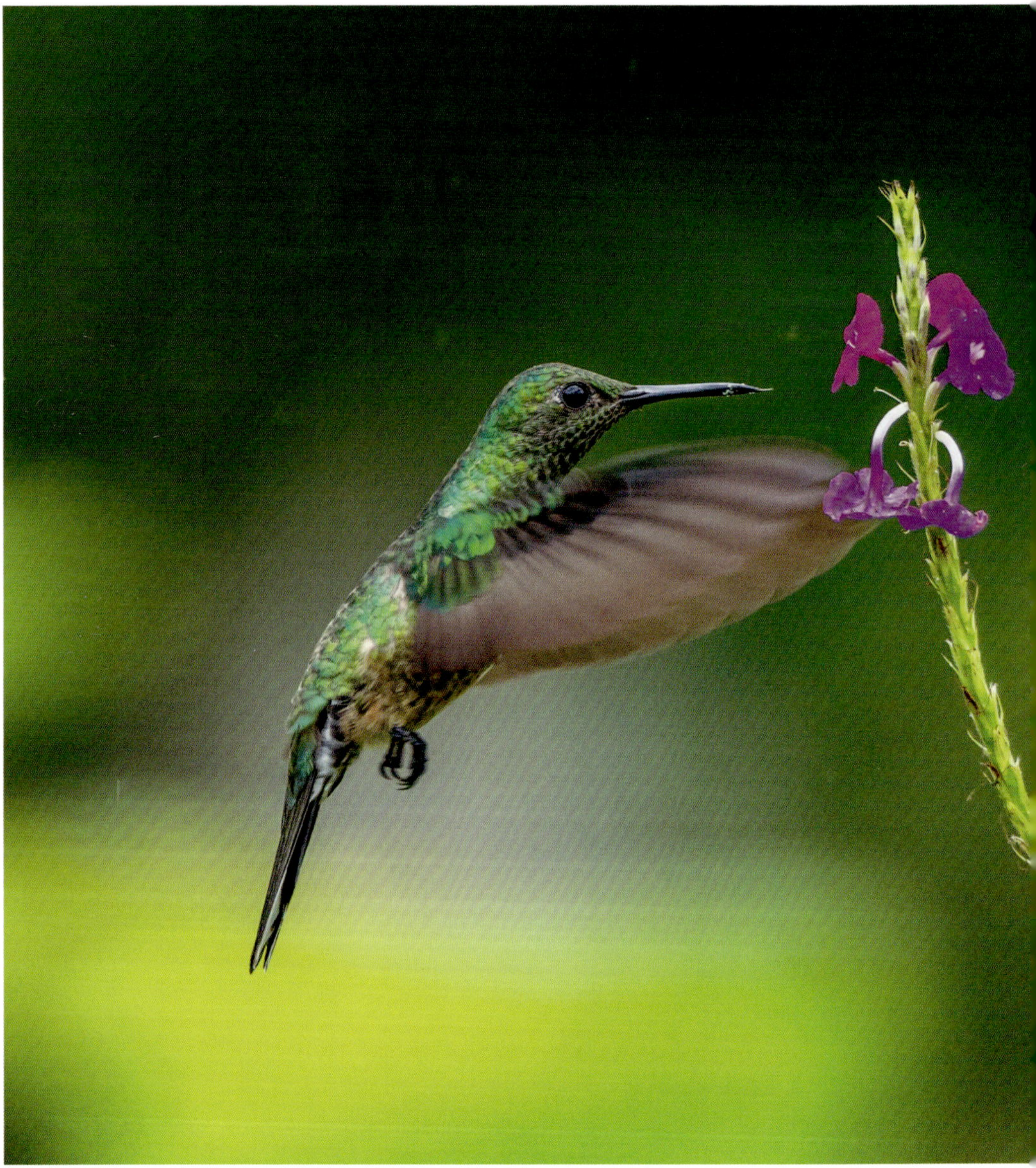

Kolibri im Flug

Kolibris zu fotografieren ist eine lohnende Übung in Geduld und viel einfacher, als Sie vielleicht denken, besonders angesichts der fantastischen Leistungsfähigkeit moderner Sensoren. Früher war für die Aufnahme so eines schnellen Geschöpfs (ein Kolibri schlägt etwa 200 Mal in der Sekunde mit den Flügeln) eine aufwendige Blitzausrüstung erforderlich, doch heute kann man, wenn man eine anständige DSLR-Kamera und ein Teleobjektiv besitzt, einfach in einem guten Versteck abwarten, bis ein Kolibri zu einer Blüte fliegt, wie Zdeněk Macháček es für diese Aufnahme gemacht hat. Setzen Sie die Blendenvorwahl so ein, dass die Blende so weit wie möglich geöffnet ist, stellen Sie eine halbwegs hohe ISO-Zahl ein, und bei guten Licht erreichen Sie damit wahrscheinlich eine kurze Verschlusszeit für ein paar scharfe Aufnahmen.

Kolibris finden Sie in Zoos und in der Wildnis. Sollten Sie diese flinken Vögel nicht in der Nähe haben, können Sie Hochgeschwindigkeitsaufnahmen auch an Motiven üben, die leichter zugänglich sind, wie etwa bei der Vogelfütterung oder einem Hund, der sich nach dem Schwimmen schüttelt.

LINKS:
Schuppenbrustkolibri

Nicht kleckern, klotzen

Dies war eine der ersten Aufnahmen, die Matthew Broadhead für sein Projekt *A Space for Humans: The Moon on Earth* machte. Inspiriert hatten ihn die Reisen von Astronauten der NASA und Mitarbeitern des US Geological Survey als Vorbereitung auf die Mondlandung in den 1960er Jahren in verschiedene Regionen der Welt, in denen ähnliche Umwelt- oder geologische Bedingungen herrschten wie auf dem Mond. 1965 und 1967 waren die Astronauten und Wissenschaftler in Island, wohin Broadhead ihnen 2016 folgte.

Broadhead wollte mit dieser Themenwahl seinem Interesse an Geologie und Astronomie Nahrung geben, doch er verfolgte auch ein ambitioniertes Projekt, das außerhalb seiner Komfortzone lag. Dazu setzte der damals 22-jährige britische Fotograf sich mit Örlygur Hnefill Örlygsson in Verbindung, dem Besitzer des Isländischen Erforschungsmuseums. Dieser bot ihm Unterkunft und Zugang zu den Sammlungen des Museums, zu denen eine Ausstellung über das Trainingsprogramm der Astronauten auf Island gehörte. Sein Ziel vor Augen, hatte Broadhead sich nicht von den gewaltigen Ausmaßen seines Projekts entmutigen lassen, und am Ende war nur ein Anruf erforderlich gewesen, um es ins Rollen zu bringen.

GEGENÜBER:
Seltún Geothermal Area (Geothermalgebiet Seltún) aus der Serie *A Space for Humans: The Moon on Earth (Raum für Menschen: Der Mond auf Erden)*

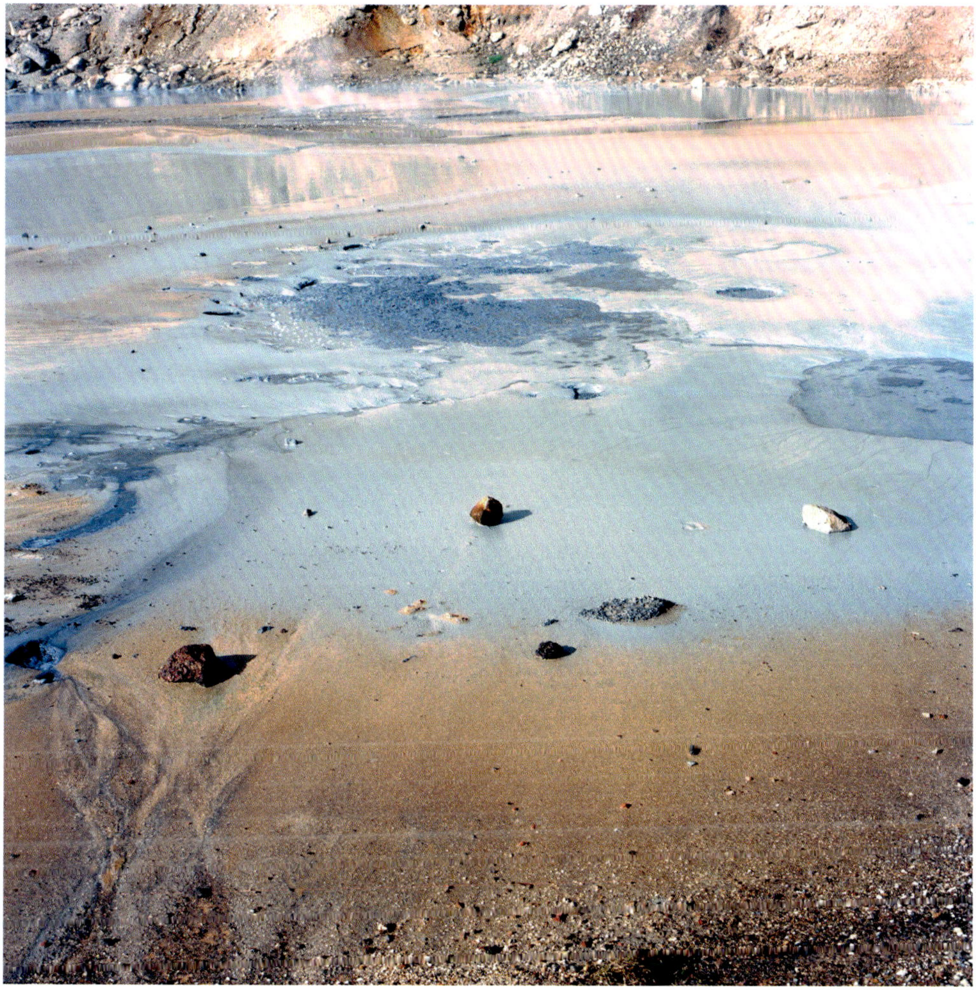

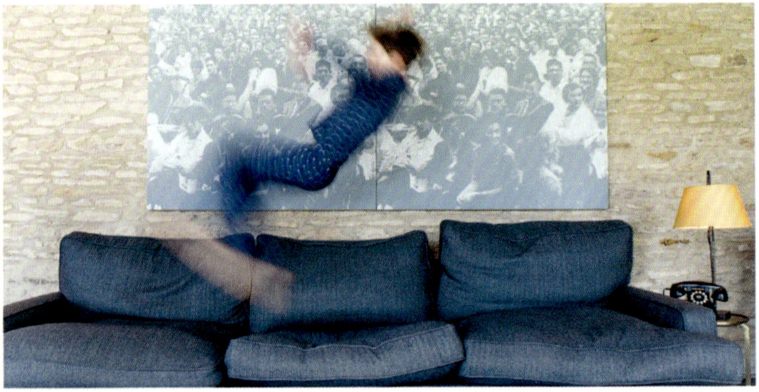

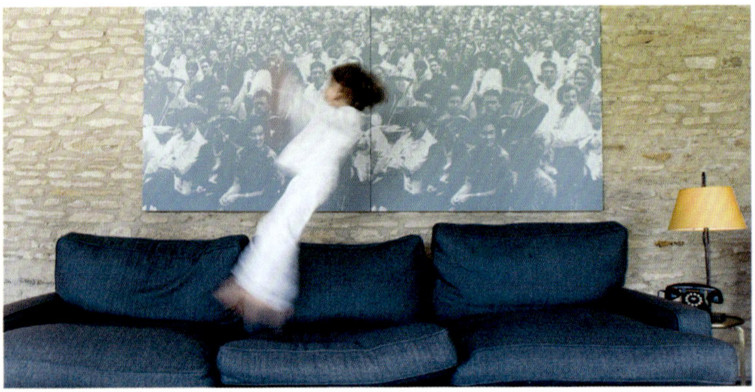

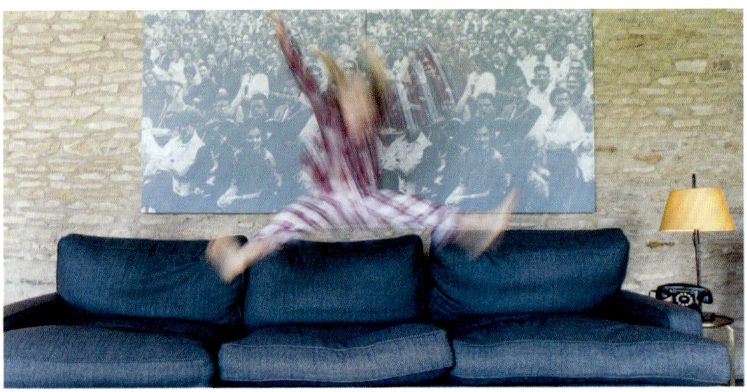

Das andere Familienporträt

Kinder wollen einfach nicht stillsitzen, richtig? Gut, dann porträtieren Sie sie eben so, wie sie sind – als verwischte Schemen, die durch Ihr Blickfeld fegen. Wenn Sie ganz bewusst zulassen, dass Ihr Motiv ein wenig (oder sehr) verwischt ist, halten Sie Bewegung und Energie eindrucksvoll fest.

Für diese Aufnahmen wurde die Kamera auf ein Stativ gestellt, sodass der Ausschnitt von Bild zu Bild gleich blieb. Eine lange Belichtungszeit (mit kleiner Blende) wurde verwendet, während die Kinder herumsprangen. Das Ergebnis ist ein Familienporträt, das ihre jugendliche Ausgelassenheit wunderbar einfängt.

GEGENÜBER:
Ohne Titel

Gehen Sie auf Fremde zu

Crash Taylor ist Universitätsdozent und »Fotografie-Süchtiger«. Bis heute hat er für seine Serie *Strangers of Nottingham* über 200 Porträts aufgenommen. Dafür läuft er durch die Straßen und hält Ausschau nach Menschen, die ihn aufgrund ihrer interessanten Erscheinung – Haare, Gesicht oder persönlicher Stil – faszinieren. Fremde anzusprechen ist nicht ganz einfach, doch lassen Sie sich von Taylor Mut machen, denn laut seiner Aussage waren neun von zehn Angesprochenen einverstanden, sich porträtieren zu lassen.

Besorgt über die vereinsamende Besessenheit der Menschen von ihren Telefonen, startete Taylor das Projekt aus dem Wunsch heraus, mehr mit Menschen in Kontakt zu treten. Um die tiefere Bindung, die der Fotograf sich wünscht, zu verankern, bittet er die Fremden, nachdem er sie fotografiert hat, einen Wunsch auszusprechen, bevor sie wieder auseinandergehen. Er hat durch dieses Projekt tatsächlich Freundschaften geknüpft, in seiner Stadt und in der ganzen Welt; er sagt, »die drei meistgenannten Wünsche sind Frieden, Gesundheit und Glück«.

GEGENÜBER:
I wish for a car (Ich wünsche mir ein Auto)
aus der Serie *Strangers of Nottingham*
(Fremde in Nottingham)

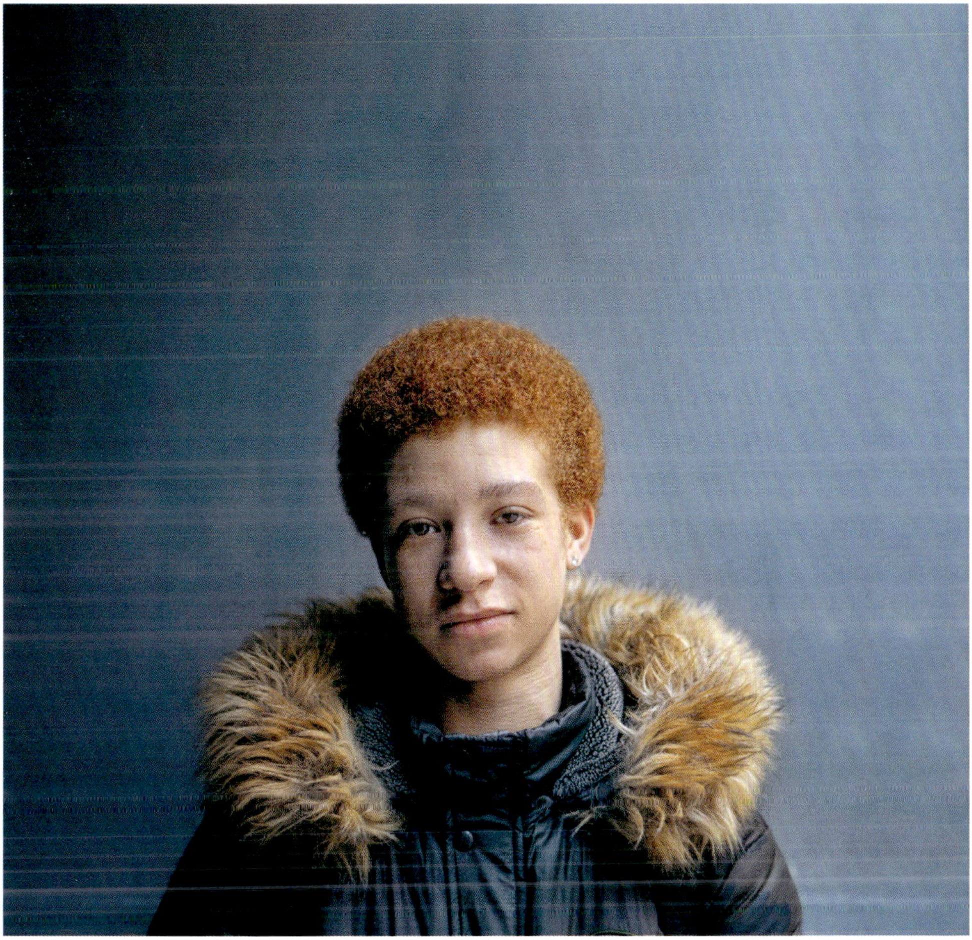

Küchen-All

Plamen Yankovs *Planets* ist eine Reise ins Weltall – entstanden in den vier Wänden seiner Küche. Er will mit dem Projekt die Banalität des alltäglichen Lebens und alltäglicher Gegenstände ausloten. Wie der Fotograf sagt: »Wenn ich mich in meiner Umgebung umsehe, entdecke ich viele alltägliche Dinge, die Planeten ähneln.« Sein Aufbau ist entwaffnend schlicht und doch höchst effektvoll. Die »Planeten« bestehen aus Früchten und Gemüsen, die er vor einem dunklen Hintergrund mit einem Blitz ohne Lichtformer (für hartes Licht von der Seite) fotografiert.

Kombinieren Sie Makrofotografie mit Blitz, um eine Mondlandschaft aus Salz zu schaffen oder mit der Reflexion von farbigem Licht auf einem Löffel ein UFO anzudeuten. Lassen Sie sich von den Dingen in Ihrer Küche inspirieren und verwandeln Sie sie in etwas Außerirdisches.

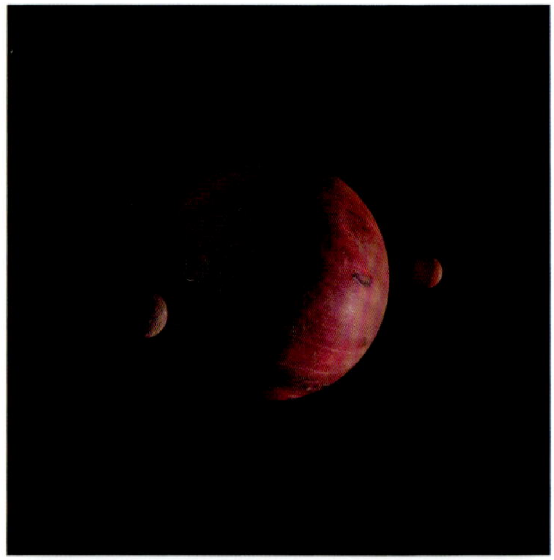

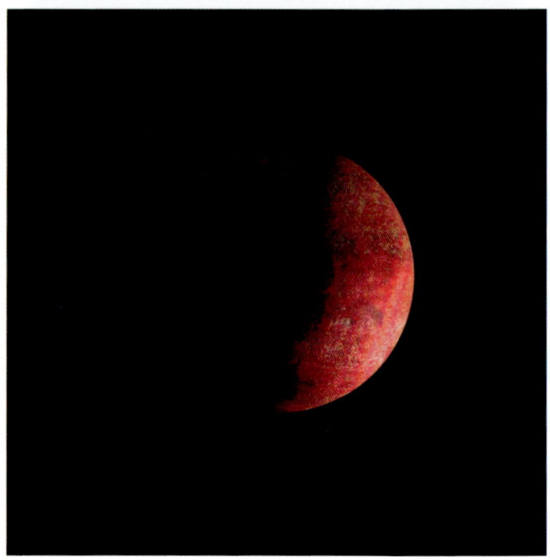

RECHTS & GEGENÜBER:
Aus der Serie *Planets (Planeten)*

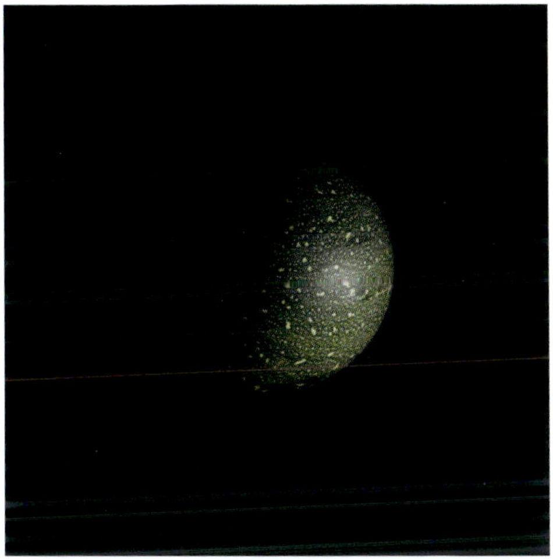

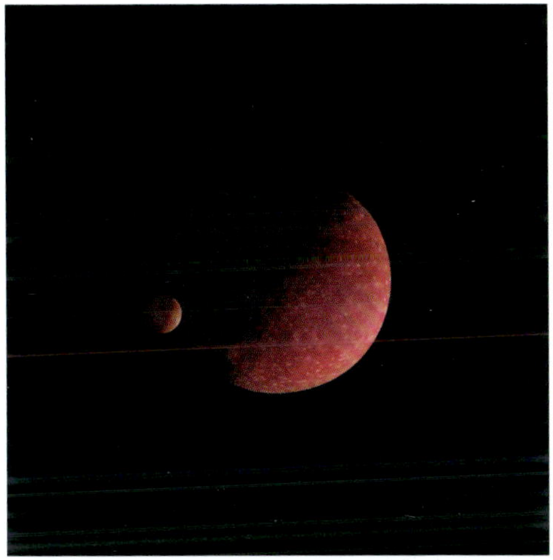

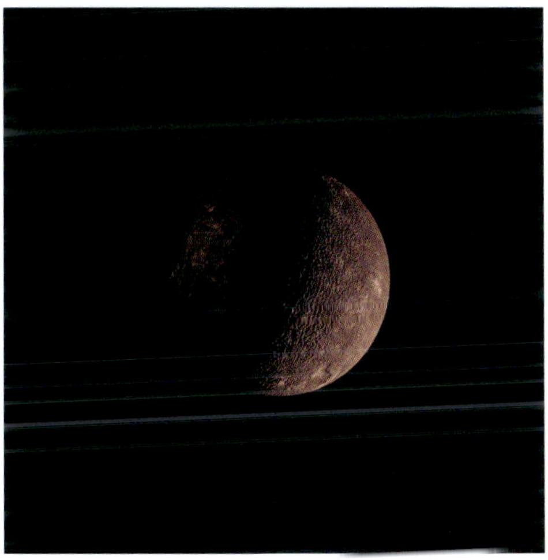

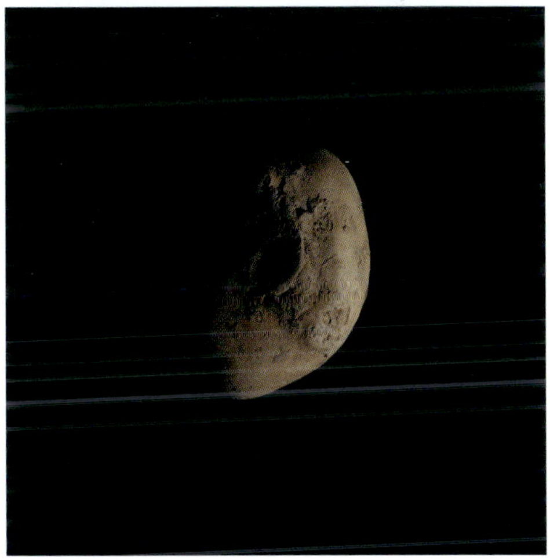

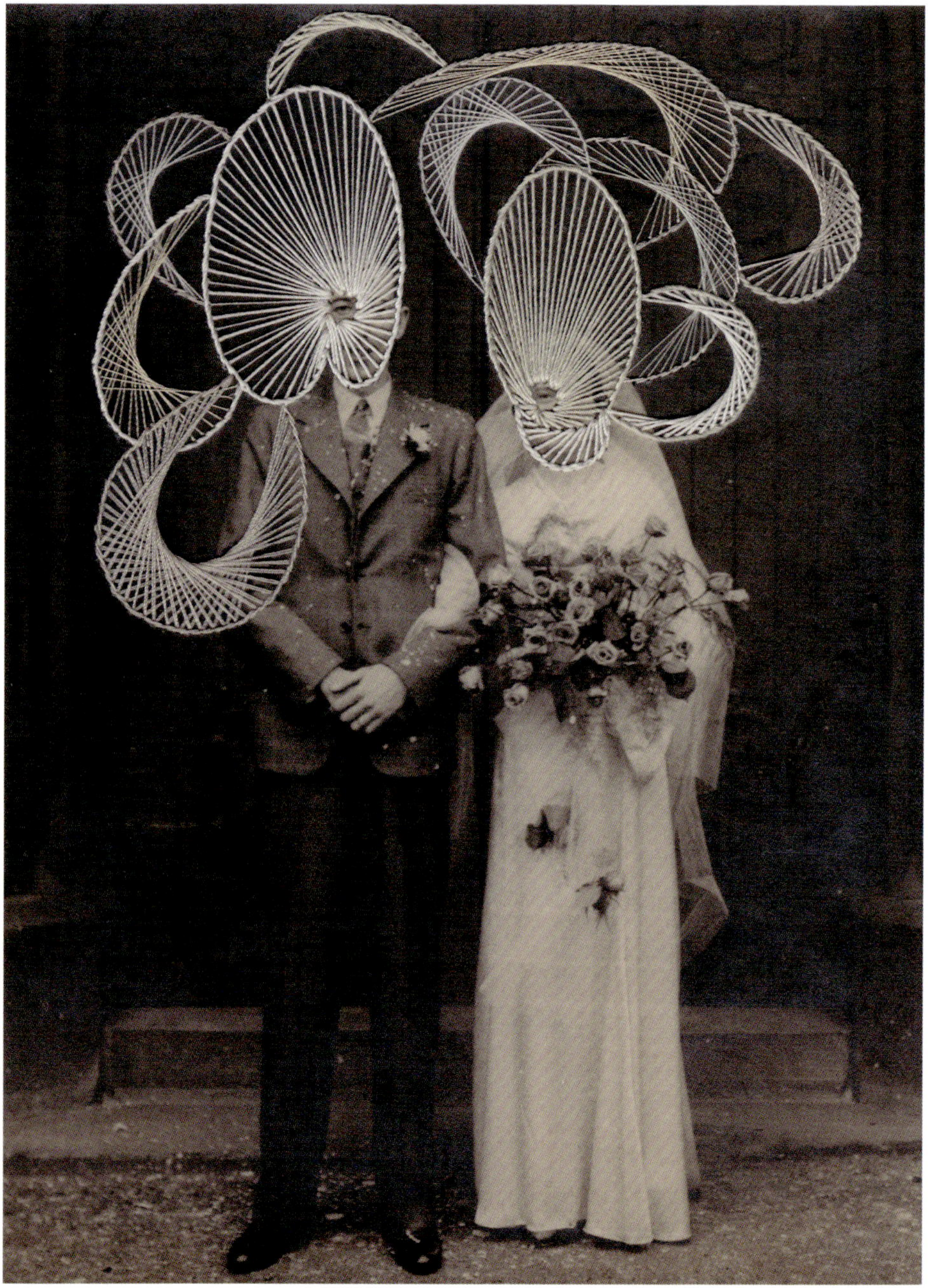

Stickerei

Für seine Mixed-Media-Werke bestickt der Künstler Maurizio Anzeri alte Schwarzweißfotografien. Hier strahlen von jeweils einem Auge Linien aus weißem Garn aus und wirbeln um dieses herum, was ein gruseliges, aber doch fesselndes Bild ergibt. Anzeris Schwerpunkt sind Porträts; mit seiner Stickerei schafft er kunstvolle Masken, die die Gesichtszüge der Abgebildeten verzerren. Die Ergebnisse liegen irgendwo zwischen unheimlich und sublim.

Diese Technik lässt sich auf alle möglichen Motive anwenden. Entscheidend ist, dass man eine Vorstellung davon hat, was man schaffen will, bevor man beginnt, damit man das Originalfoto tatsächlich auf eine neue Ebene hebt oder verwandelt und nicht bloß dekoriert.

GEGENÜBER:
I Will Be With You The Night Of Your Wedding (Ich bin in deiner Hochzeitsnacht bei dir)

Spiel mit der Realität

Dávid Biró befasst sich in seinem Werk mit der Beziehung zwischen Realitäts- und Wissenskonzepten und der menschlichen Wahrnehmung – insbesondere damit, wie wir in der Ära digital bearbeiteter oder erzeugter Bilder Fotos wahrnehmen. Die geschickten Aufbauten seiner Serie *Front End* spielen bewusst mit Unsicherheiten. Sie ahmen die Ästhetik von 3D-Grafiken und Videospielen nach, damit die Betrachter sich fragen, ob das, was sie sehen, »real« ist (und vielleicht sogar, was dieser Begriff überhaupt meint).

Viele konzeptionelle Fotografen wenden sich Alltagsobjekten als Ausgangspunkt für die Beschäftigung mit philosophischen Fragen über die Natur der Fotografie zu. Falls dieser Ansatz Sie interessiert, könnte die erste Überlegung die sein, welcher Aspekt der Fotografie Sie am meisten fasziniert. Und wie können Sie das in einem Bildaufbau darstellen?

GEGENÜBER:
Front End #03 aus der Serie *Front End*

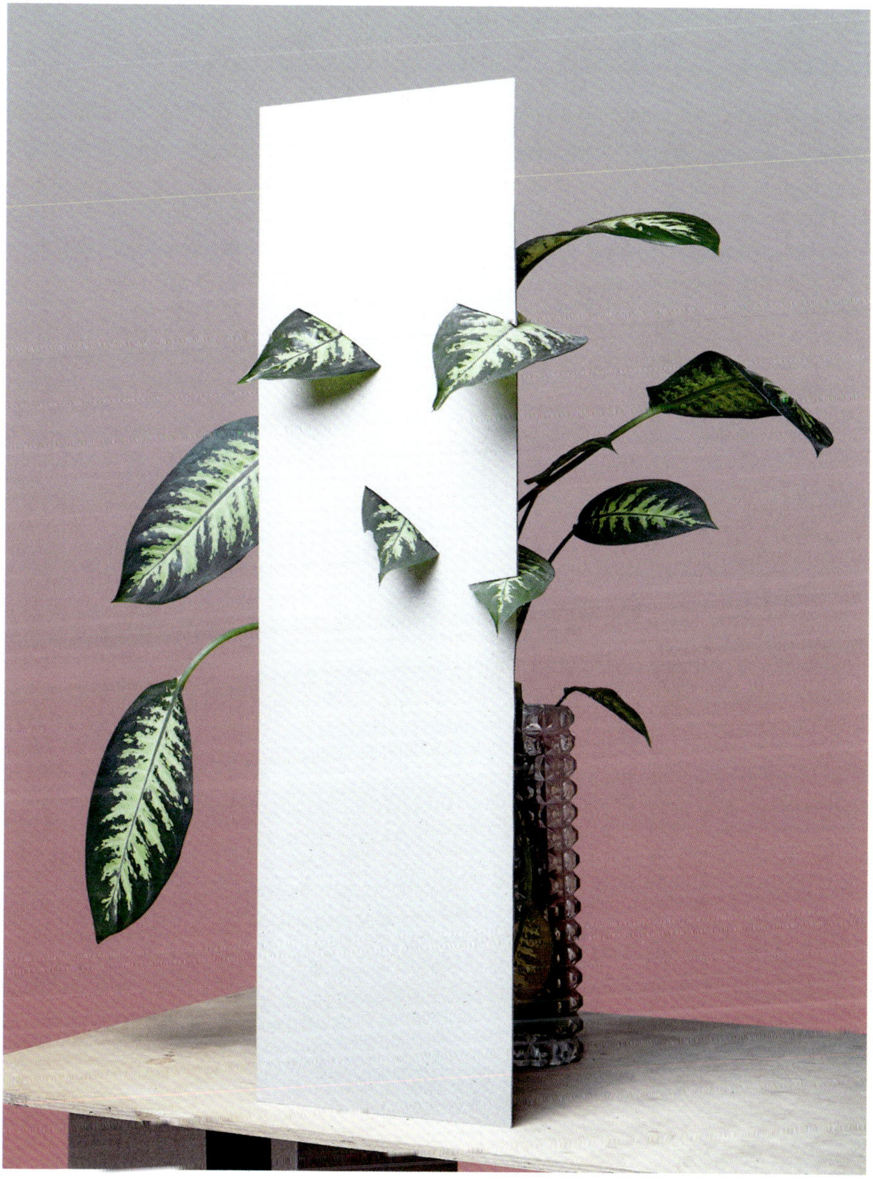

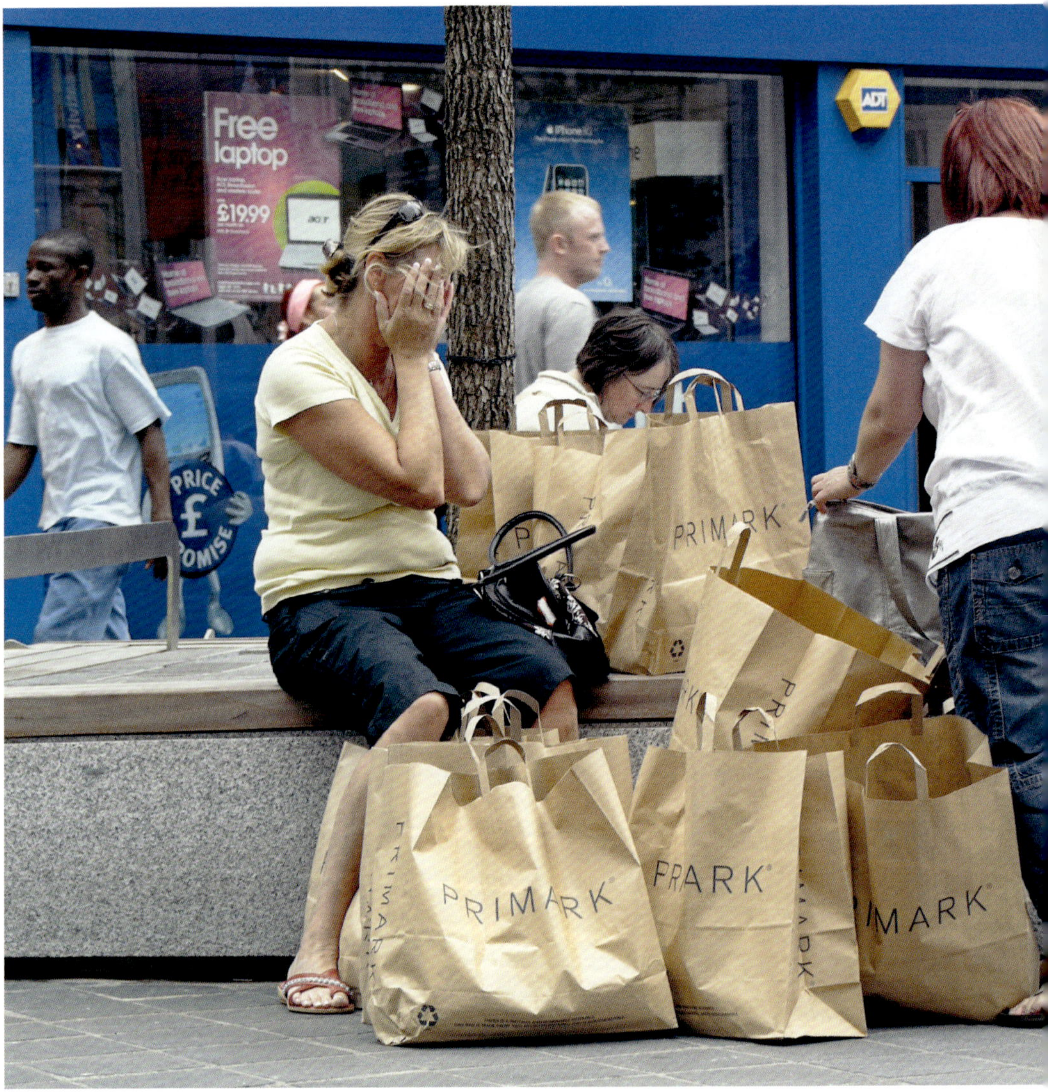
Free
laptop
£19.99
ADT
PRICE
PROMISE
PRIMARK
PRIMARK

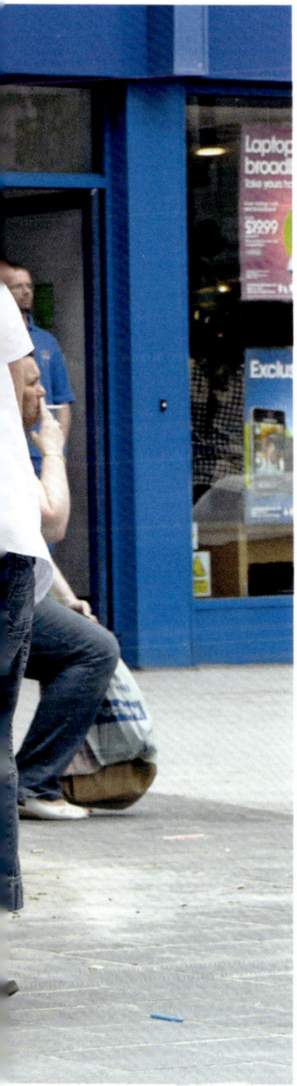

Absurditäten des Alltags

Die Caravan Gallery ist eine Zusammenarbeit der Fotografen Jan Williams und Chris Teasdale mit dem Ziel, »Realität und Absurdität unserer heutigen Lebensweise« zu dokumentieren. Ihre Fotografien sind amüsant, doppelbödig, ironisch und tragikomisch; die meisten reagieren unmittelbar auf diese Bildsprache, doch weil die aufgenommenen Szenarien in der Regel aberwitzig sind, geben sie auch Denkanstöße.

In dem hier gezeigten Beispiel fragen wir uns vielleicht, ob die Frau die Hände vors Gesicht schlägt, weil sie vom exzessivem Frustshoppen erschöpft ist oder ob sie sich aufregt, weil sie etwas vergessen hat.

Skurrile Szenen gibt es überall; sobald man einmal darauf achtet, kann man kaum noch aufhören. Das macht die Absurditäten des Alltags zu einem idealen Straßenfotografie-Projekt.

LINKS:
Shopping Fatigue, Liverpool
(Erschöpft vom Einkaufen, Liverpool)

Schattenspiel

Der Künstler Man Ray ist hauptsächlich bekannt für seine surrealen Fotografien. Für diese legendäre Aufnahme setzte er gerichtetes Licht durch einen filigranen Spitzenvorhang ein, um Schatten auf den Körper des Models zu werfen, die ihre Figur umreißen und betonen.

Sie können diese Wirkung erzielen, indem Sie Ihr Model in die Nähe eines Fensters, einer Türöffnung oder einer starken, hellen Lichtquelle platzieren. Versuchen Sie, alle anderen Lichtquellen zu entfernen, und wählen Sie ein Material, das das Licht in einem Muster durchlässt, mit Löchern oder Linien – Lamellenjalousien eignen sich gut. Hängen Sie das Material vor Ihrem Model auf und korrigieren Sie die Position des Lichts oder des Models so lange, bis Sie mit der Wirkung zufrieden sind.

Bei einer entsprechend kurzer Belichtung für die stark beleuchteten, helleren Hauttöne, bleiben die unbeleuchteten Bereiche im Hintergrund Ihrer Komposition unterbelichtet und dunkel. In der Nachproduktion können Sie noch stärkere Kontraste schaffen.

GEGENÜBER:
Le retour à la raison (Die Rückkehr zur Vernunft), 1923

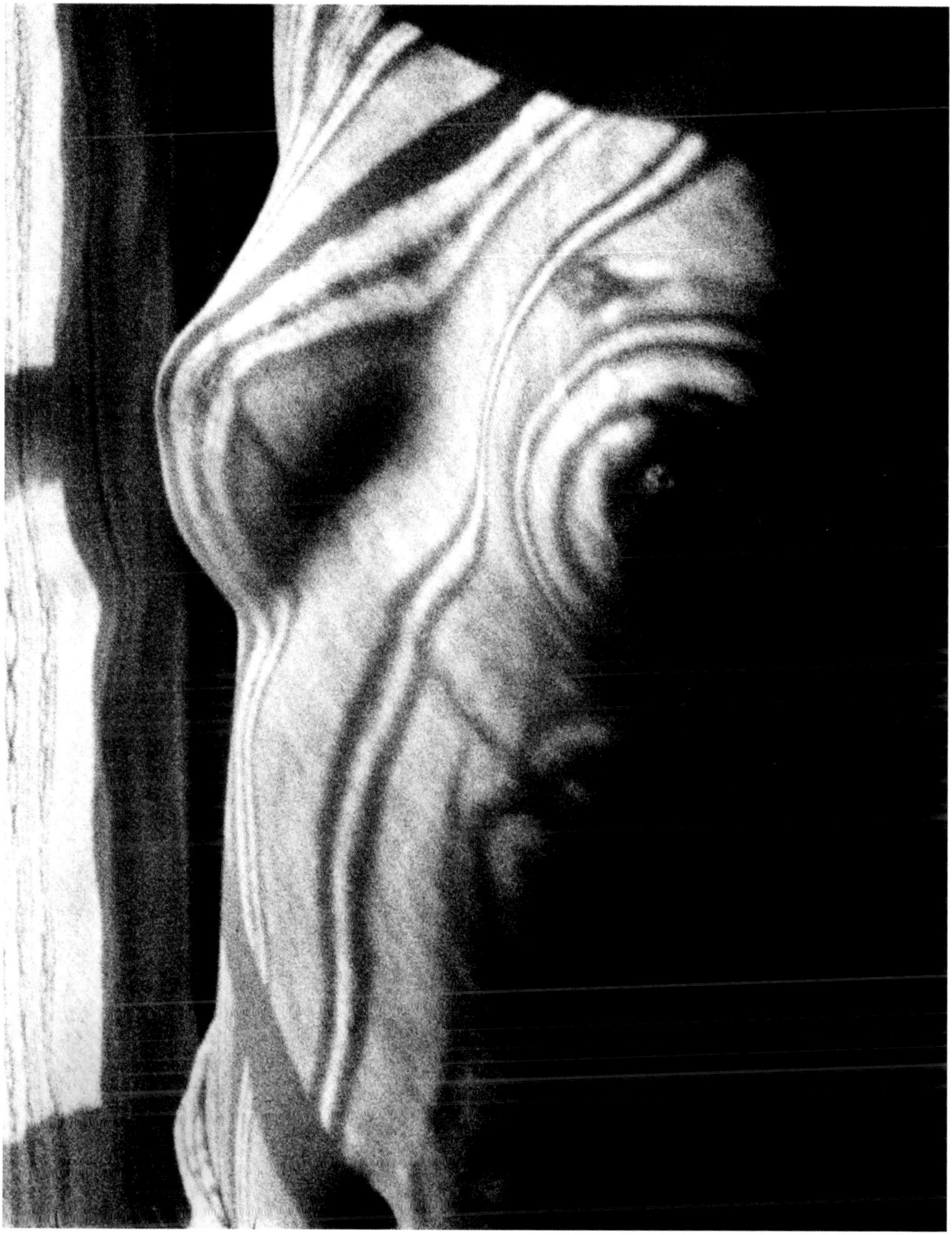

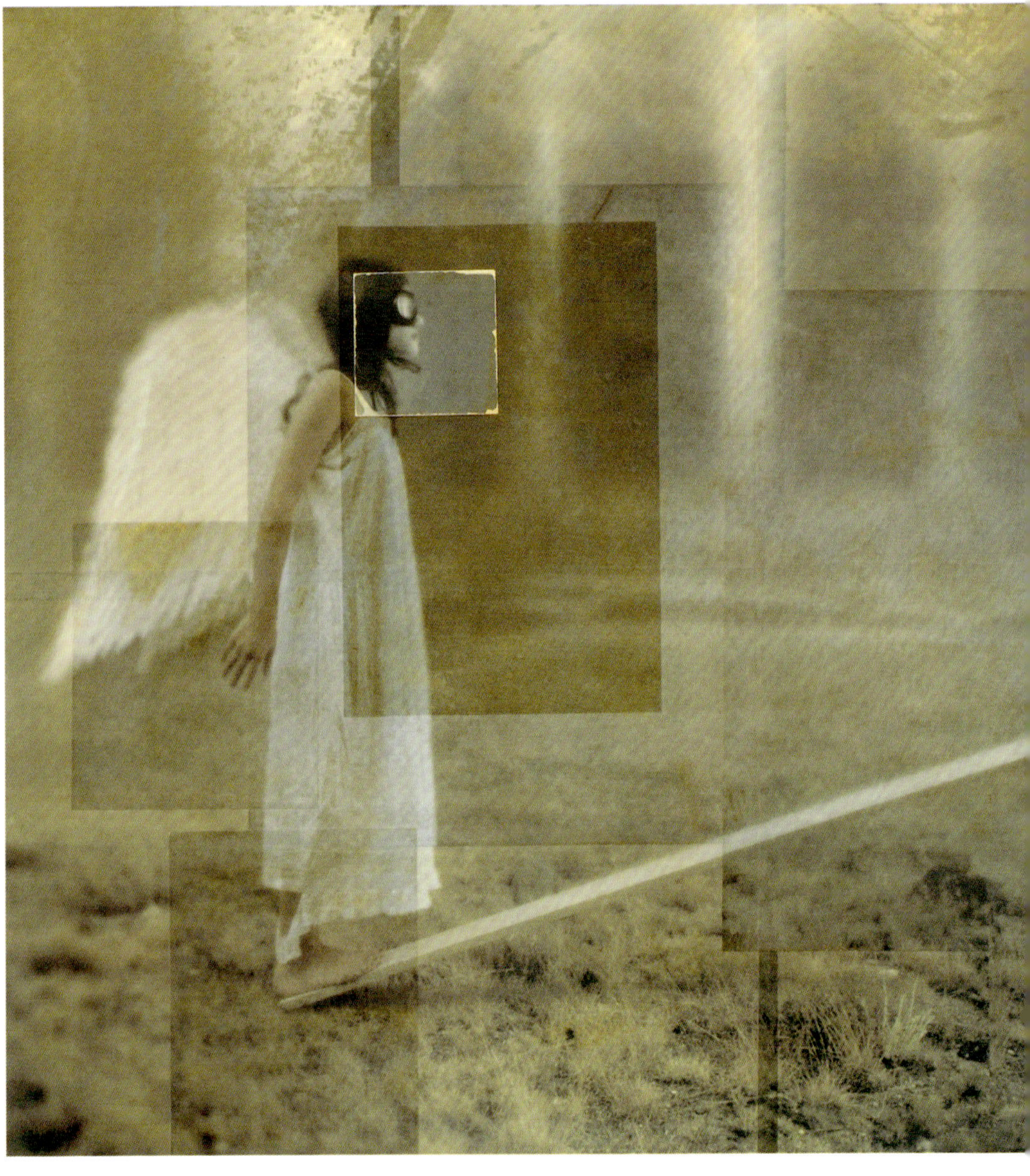

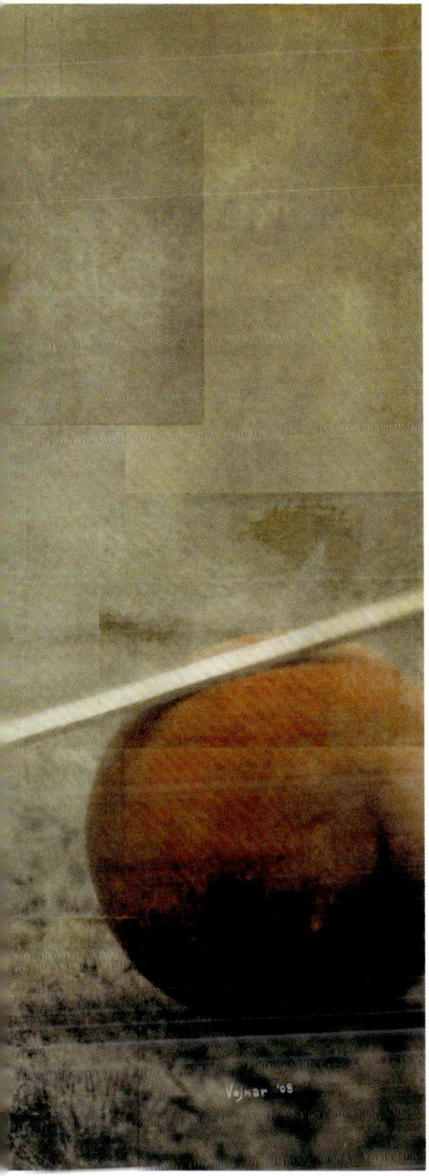

Traumcollagen

In seiner Serie *History of Aviation* kreiert Kamil Vojnar mittels digitaler und manueller Techniken aus vielen verschiedenen Bildern aus vielen verschiedenen Quellen mehrfach geschichtete Collagen. Auf Fine-Art-Papiere ausgedruckt und auf Leinwand oder Holz montiert, versiegelt er die Arbeiten mit Firnis, Öl und Wachs und schließt sie mit einer malerischen, künstlich gealterten Oberfläche ab. Heraus kommen traumähnliche Werke, die meist etwas Romantisches, aber auch etwas Beunruhigendes haben. Vojnar sieht die Herausforderung in seiner Arbeitsweise darin, aus vorhandenem Material etwas Neues zu kreieren. Er sagt: »In einem Gemälde kann man alles malen, was man will. Beim fotografischen [Medium] muss es, auf einer gewissen Ebene, schon vorher existieren.«

LINKS:
Catapult aus der Serie *History of Aviation (Geschichte der Luftfahrt)*

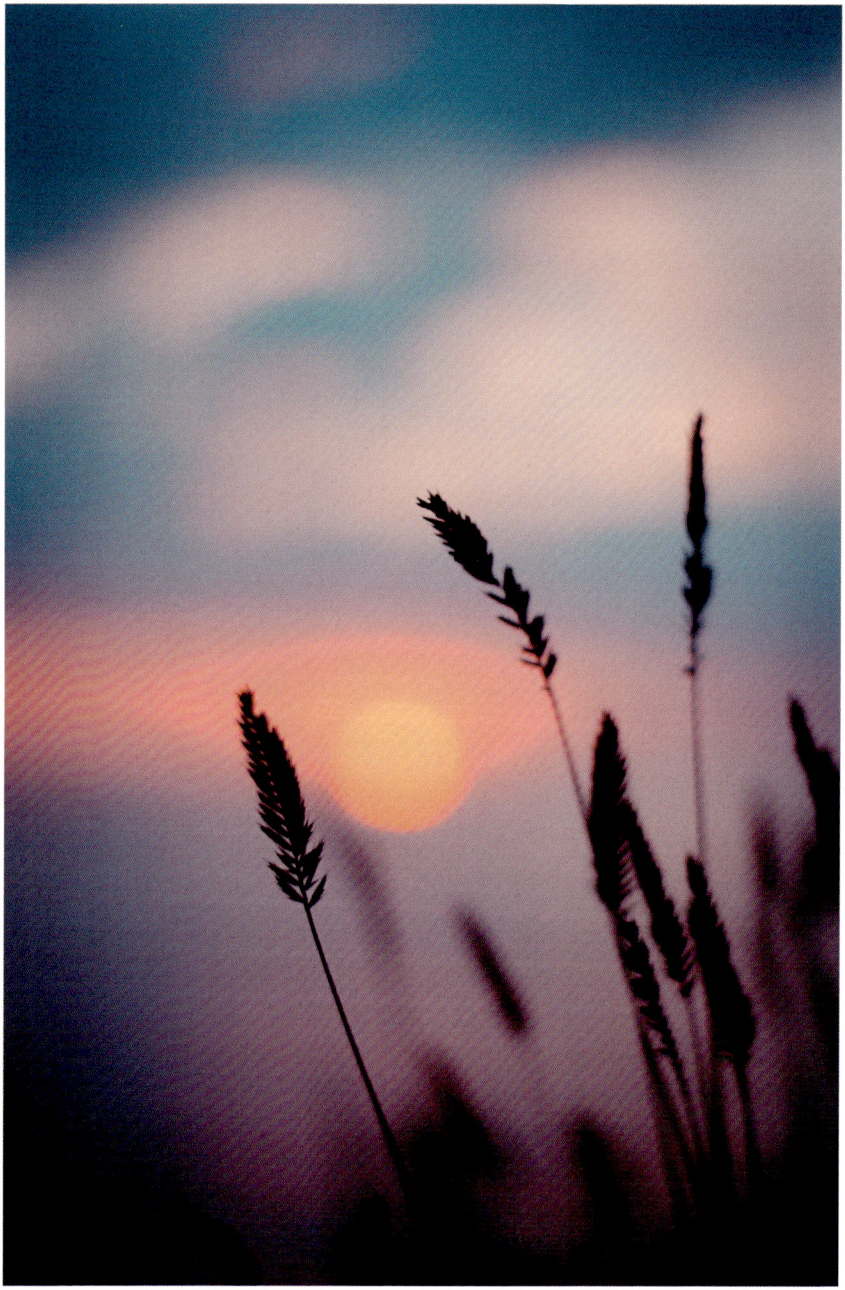

Defokussierung

Das Motiv sollte scharf sein, die unwichtigen Bereiche dürfen unscharf erscheinen – richtig? Nicht so bei dieser Aufnahme von Ann Savchenko, die eine so große Blendenöffnung verwendet, dass der Sonnenuntergang zwar unscharf, aber noch zu erkennen ist. Überlegen Sie, welche Motive noch als verschwommene Form funktionieren könnten – kräftige Farben helfen, denn die strahlen, auch wenn die Form unscharf ist. Können Sie Hinweise geben oder die Geschichte dadurch verstärken, dass Sie scharf fokussierte Objekte in den Vordergrund bringen, wie Savchenko es hier getan hat? Sie werden überrascht sein, wie begierig das Gehirn darauf ist, den Sinn eines schwer zu entziffernden Motivs zu ergründen.

GEGENÜBER:
Dam of the Kakhovka Reservoir
(Staudamm des Kachowkaer Stausees)

Blau

Blau ist in der Kunst eine machtvolle Farbe. Es gab eine Zeit, da war Ultramarin kostbarer als Gold und wurde daher nur für die allerwichtigsten Gegenstände verwendet.

Sarah Le Brocqs Serie *Blau* ist ein aktuelles Beispiel dafür, wie Künstler aller Zeiten sich von dieser Farbe als Muse leiten ließen. In vielen Kulturen wird Blau mit Spiritualität und dem Göttlichen assoziiert, im Westen gibt es auch eine Verbindung zu Sehnsucht und Melancholie, wie Picasso sie etwa in seinen traurigen Gemälden der Blauen Periode verkörpert. Die mit der Farbe verknüpften Assoziationen scheinen Künstlern und Interpreten unendliche Inspirationen zu bieten. Auch in der Fotografie hat Blau eine besondere Bedeutung: Die Cyanotypie – auch bekannt als Eisenblaudruck – war eines der ersten fotografischen Verfahren, auf das Le Brocq hier tatsächlich zurückgreift.

Blau mag das berühmteste Beispiel für eine Farbe sein, die die Kunst inspiriert, doch sie ist beileibe nicht die einzige Option. Jede Farbe hat ihre eigene – persönliche wie kulturelle – Symbolik, Sie müssen sich also nicht auf Blau beschränken.

GEGENÜBER:
Untitled #7 aus der Serie *Blue*

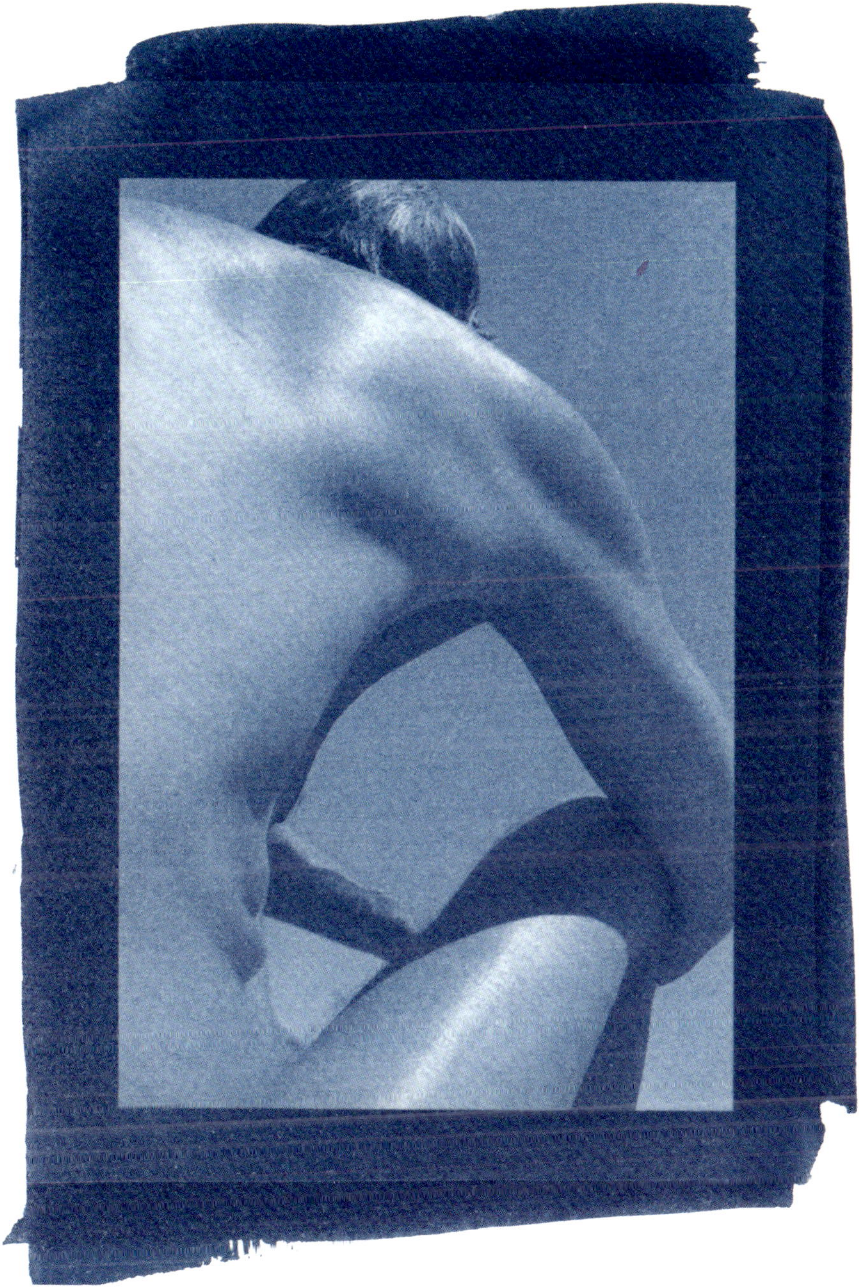

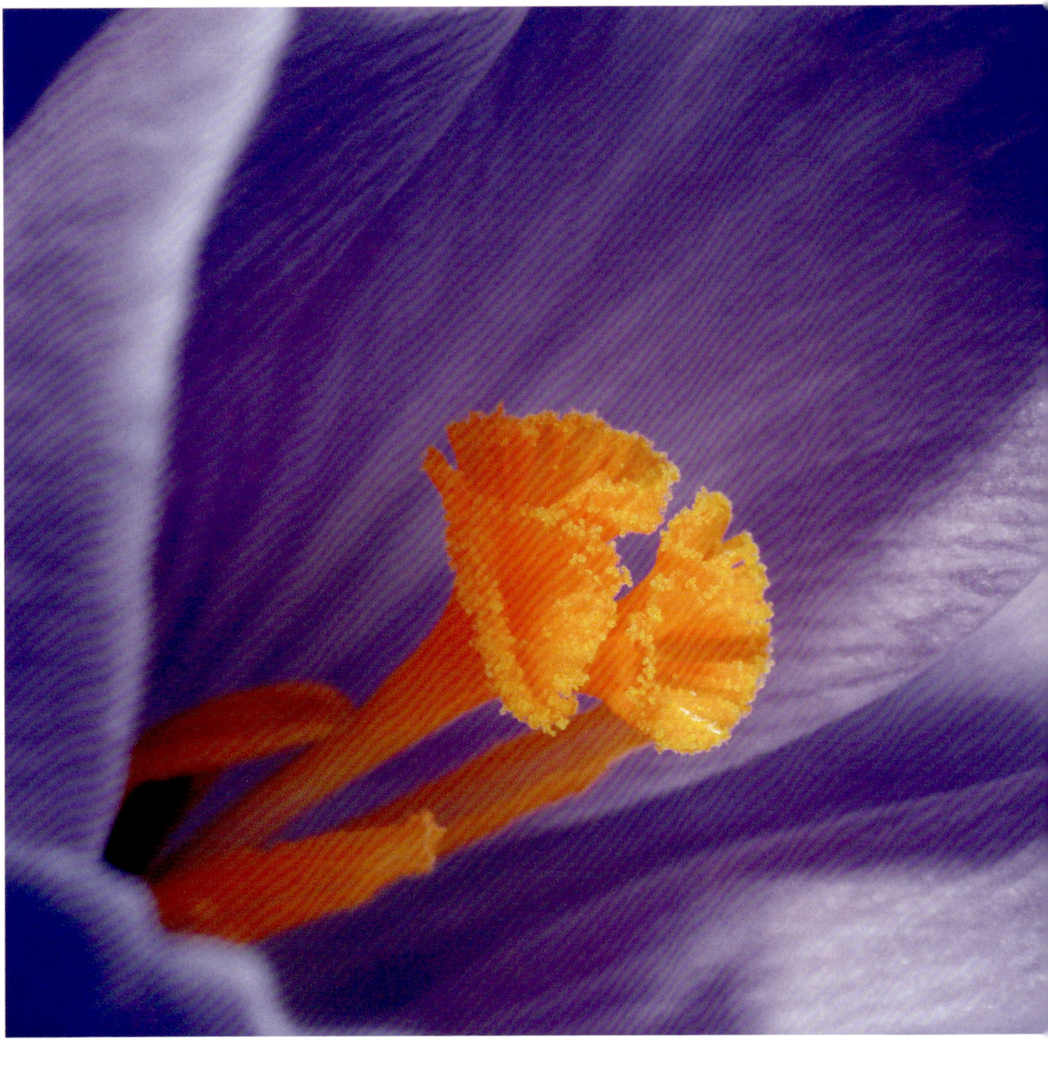

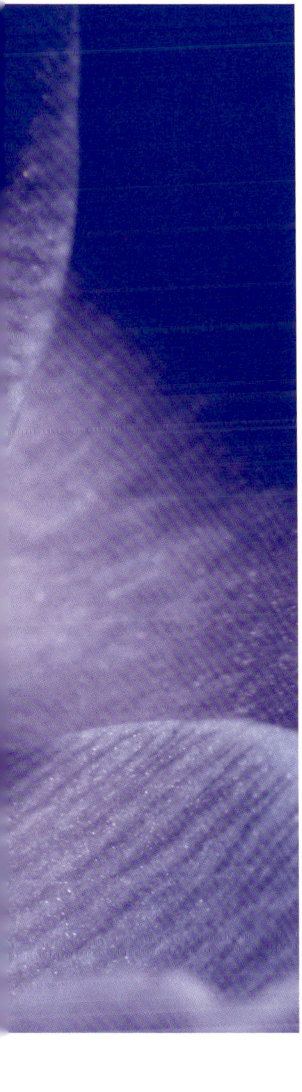

Makros mit Objektiv in Retrostellung

Makroobjektive können sehr teuer sein, doch Umkehrringe (Retroadapter) sind preisgünstig und können fast jedes Objektiv zum Makro machen. Wie der Name andeutet, verbindet ein Umkehrring das Filtergewinde Ihres Objektivs mit dem Objektivanschluss, sodass das Objektiv umgekehrt auf der Kamera sitzt. Damit wird der maximale Wiedergabemaßstab (wie groß ein Objekt auf einem Film oder Sensor im Vergleich zu seiner tatsächlichen Größe wiedergegeben wird) vergrößert, was extreme Nahaufnahmen winziger Objekte erlaubt, etwa den feinen Pollenkörnern dieser Blüte.

GEGENÜBER:
Macro Experiments (Makroexperimente)

Mit Schere und Kleber

Nick Doldings Serie *Cut Up* ist eine Fotocollageübung. Dafür müssen zwei oder mehr Menschen in derselben Pose und mit demselben Licht fotografiert werden. Werden sie aus demselben Winkel und derselben Perspektive aufgenommen, ist es hinterher auch leichter, die beiden (oder mehr) separaten Bilder zusammenzufügen. Dolding hebt die Fugen eigens hervor, indem er die Bilder auf gutes, dickes, faserhaltiges Papier ausdruckt und ordentliche Reißkanten erhält. Gerichtetes Licht von rechts führt zu einem dunklen Schatten auf der anderen Seite des Bilds.

Dieses Bild ist wegen seiner technischen Präzision besonders faszinierend, aber Fotocollagen können auch sehr viel spielerischer sein – falls Sie das möchten. Lassen Sie sich von den dadaistischen und surrealistischen Wurzeln der Fotomontage inspirieren und sehen Sie sich Künstlerinnen wie Hannah Höch und Dora Maar an, um zu entdecken, wie erfindungsreich die Form sein kann.

GEGENÜBER:
Cut Up 33 aus der Serie
Cut Up (Zerschnitten)

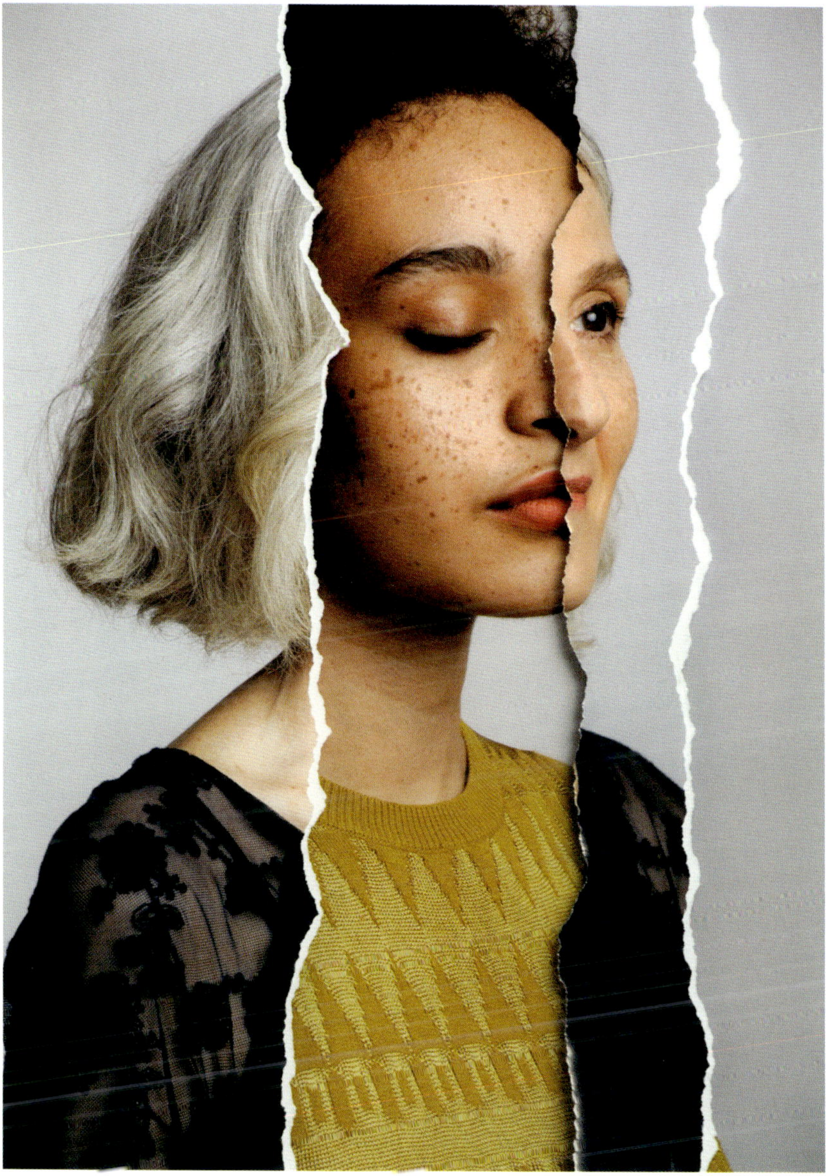

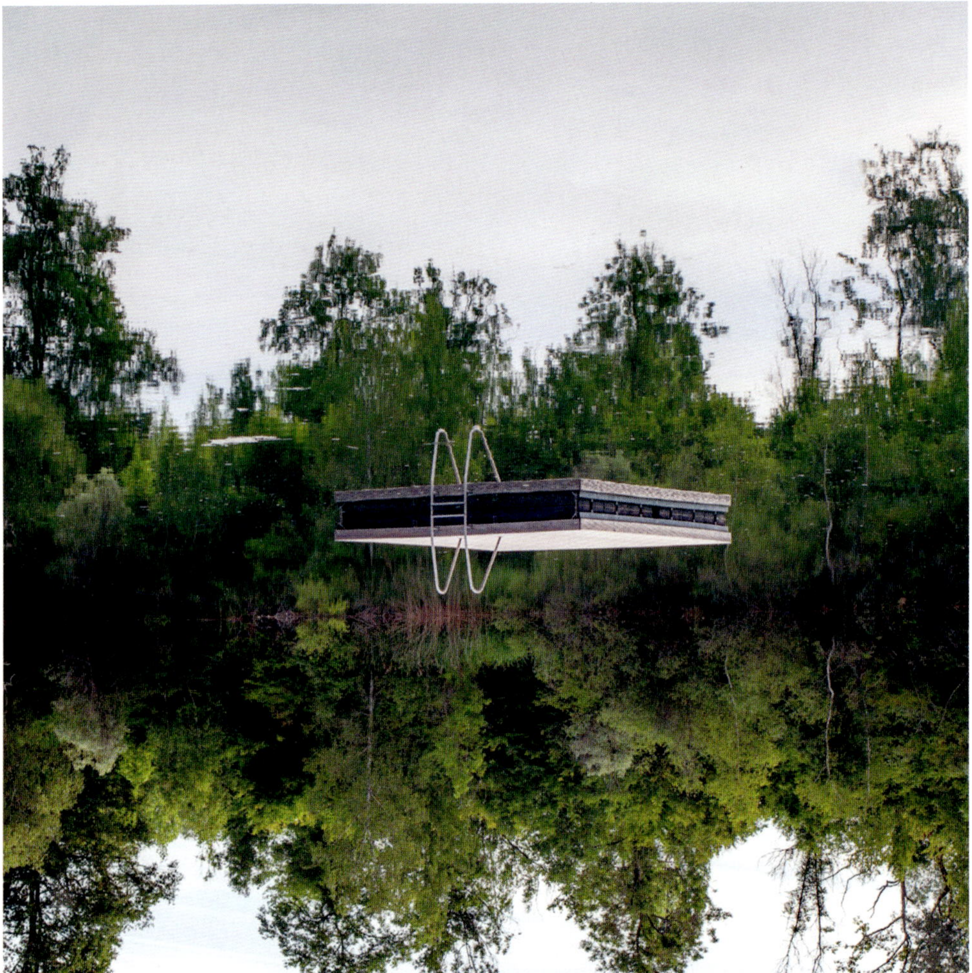

Unmögliche Spiegelungen

Wenn Sie danach Ausschau halten, entdecken Sie viele Szenen, die sich, sobald sie als einzelnes Bild eingefangen und gerahmt werden, den Gesetzen der Physik zu wiedersetzen scheinen. Das Spiel mit Spiegelungen kann in dieser Hinsicht sehr witzig sein, und solange es in Ihrer Umgebung ab und zu einmal regnet, sollten solche nicht schwer zu finden sein. Suchen Sie nach Pfützen, ruhigen Teichen und Seen sowie nach Spiegelungen in verglasten Gebäuden, Sonnenbrillen oder kunstvoll positionierten Spiegeln.

Alles, was Mattias Husser hier tun musste, damit die Schwimminsel scheinbar in der Luft schwebt, war, das Bild auf den Kopf zu stellen.

GEGENÜBER:
Upside Down Image of Diving Platform and Trees Reflecting In Lake (Auf dem Kopf stehendes Bild einer Schwimminsel und Bäumen, die sich im See spiegeln)

Appropriation Art

Die Aneignung der Arbeit anderer hat in der Kunst Tradition. In den 1980er Jahren erreichte die Appropriation-Art-Bewegung ihren Höhepunkt, als Künstlerinnen wie Sherrie Levine und Barbara Kruger damit Stellung zu Themen wie Eigentum und Originalität bezogen oder die transformative Natur der Kunst unter die Lupe nahmen.

Gabriella Blenkinsop visualisiert in dieser Arbeit, wie Online-Daten manipuliert und in einem Kontext verwendet werden können, für den sie nie gedacht waren. Sie nimmt

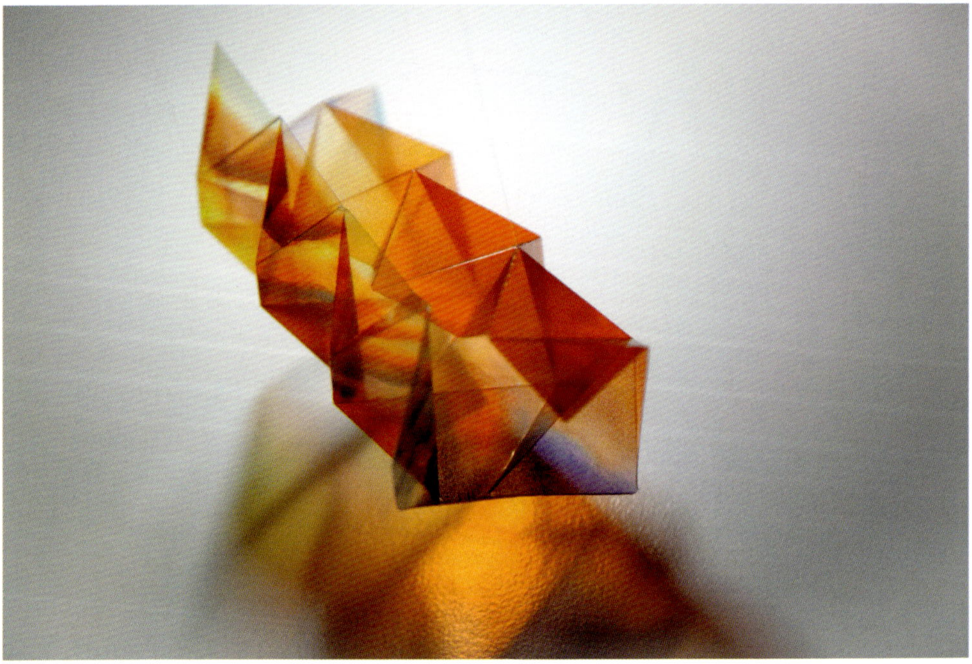

Bilder von Instagram, druckt sie auf Azetatfolie und kreiert damit Skulpturen, die auf die strukturelle Kartierung von Algorithmen verweisen. Die Bilder werden aufgehängt und indirekt beleuchtet, um changierende, opake Schatten zu werfen.

Appropriation Art ist eine anerkannte, jedoch umstrittene Kunstform. Wenn Sie diese Methode anwenden wollen, sollten Sie erstens darüber nachdenken, ob Sie sie tatsächlich für Ihr Ziel brauchen, und zweitens, ob Sie selbst so viel dazu beigetragen haben, dass Sie das Gefühl haben, es wäre rechtens.

GEGENÜBER & UNTEN:
Aus der Serie *#cloud (Wolke)*

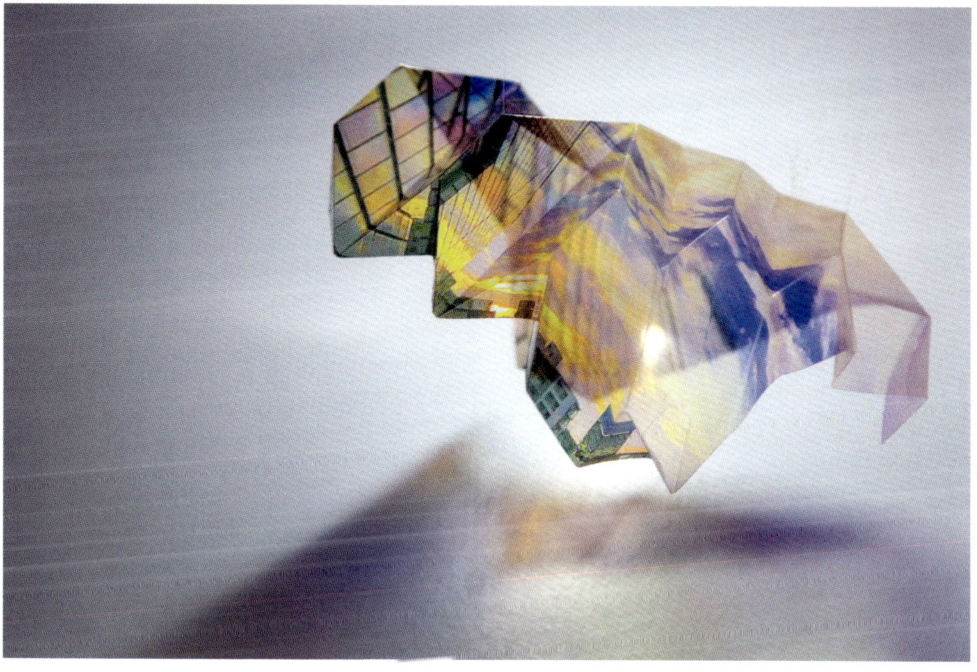

Neutraldichtefilter

Ein Neutraldichtefilter (ND-Filter) ermöglicht selbst bei strahlendem Sonnenschein eine lange Verschlusszeit, sodass Sie in ungewöhnlichen Situationen Bewegungsunschärfe festhalten können. Damon Lam setzt hier, indem er sich die lange Verschlusszeit zunutze macht, die zerklüftete, feste Textur der Felsen auf der Linken in Kontrast zu den Wellen, die durch die Bewegungsunschärfe etwas Flüchtiges bekommen. Von den Wellen sind noch genügend Einzelheiten zu erkennen, um einen Eindruck von der Kraft der Naturgewalten zu bekommen, und verstärkt wird die Wirkung noch durch die Umwandlung des Bilds in ein kontrastreiches Schwarzweiß.

GEGENÜBER:
630 Ocean View Blvd, Pacific Grove, United States

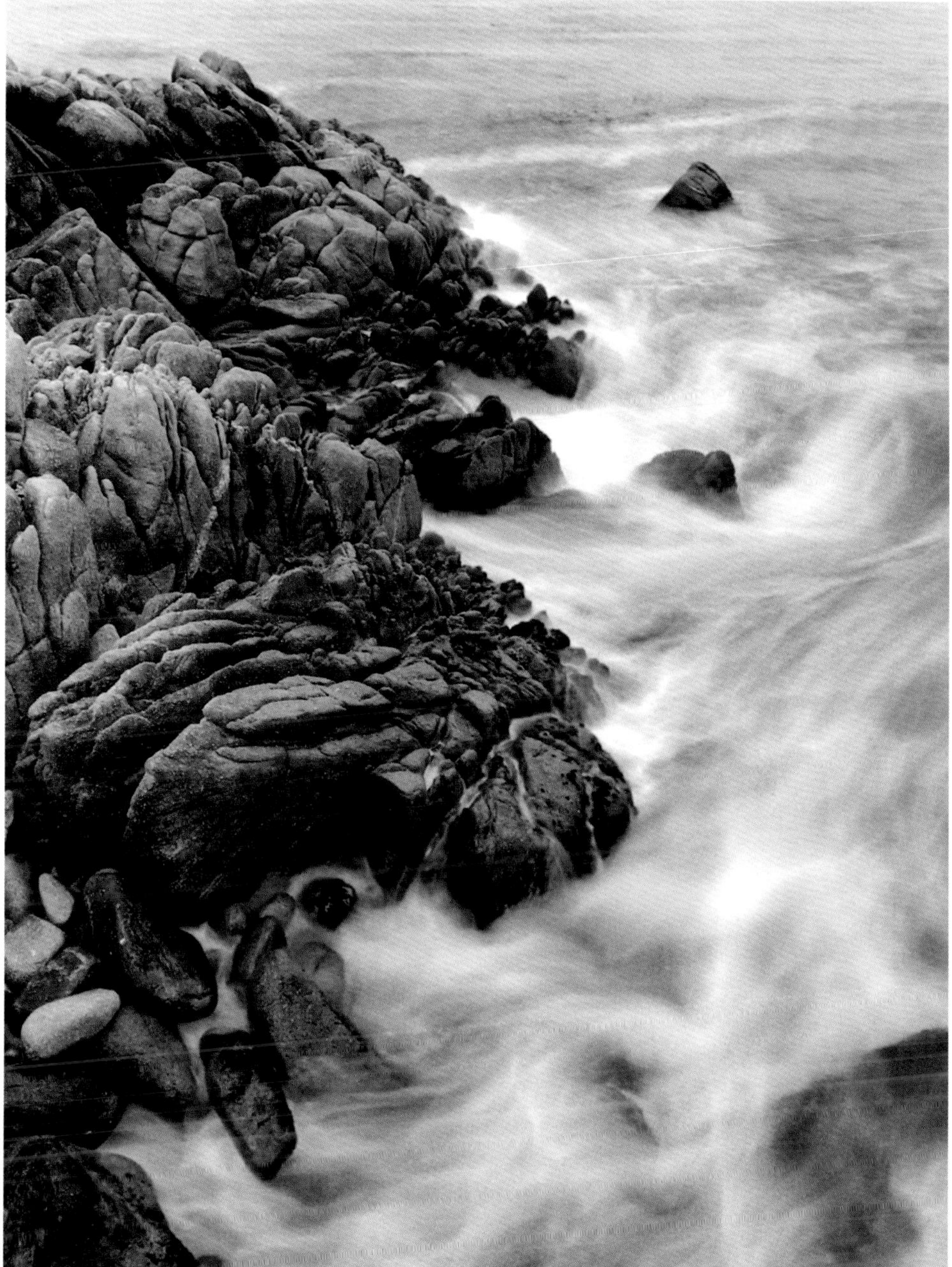

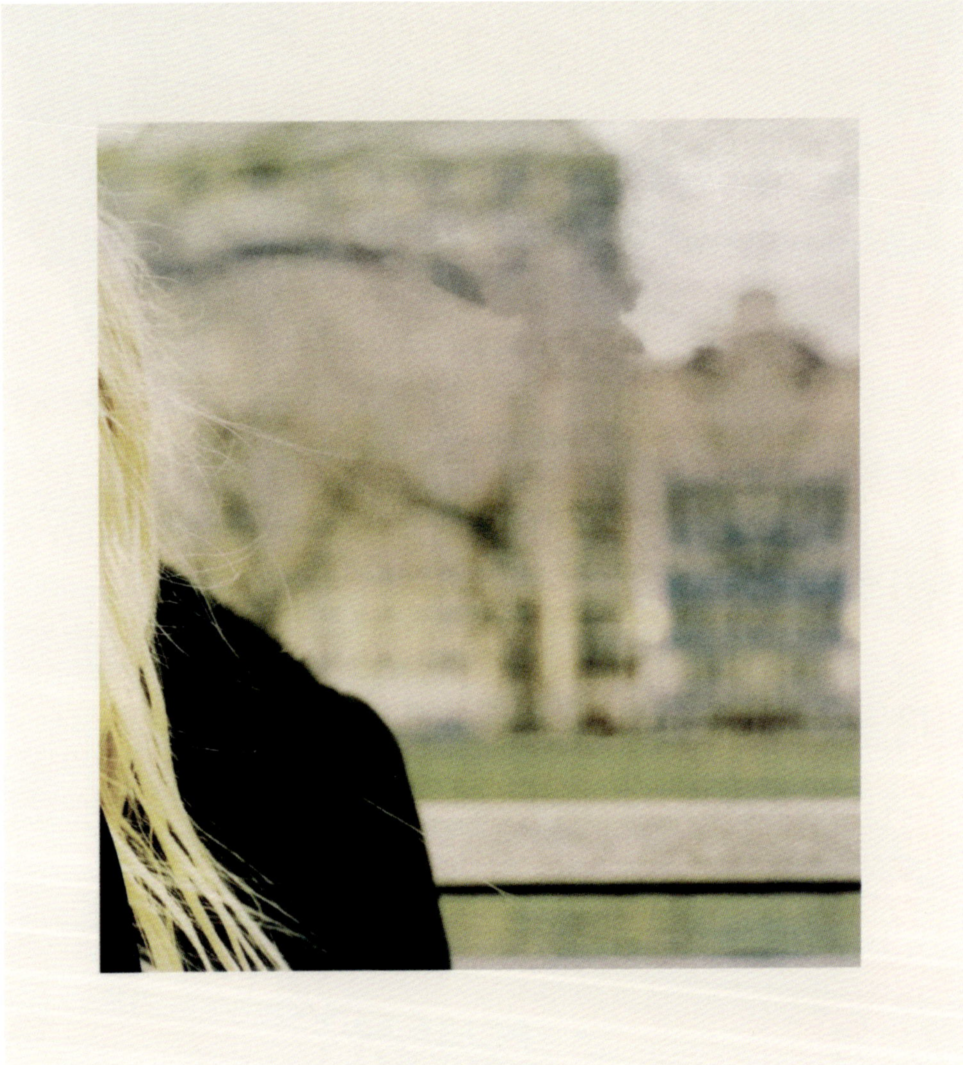

Motive anschneiden

Fotografen präsentieren Ihre Motive in der Regel, indem Sie sie frontal und mittig ins Bild setzen. Was passiert also, wenn Sie dem Betrachter diese einfache Befriedigung verweigern? Diese Aufnahme stammt aus einer zehnteiligen Serie von Uta Barth. Die Bilder foppen den Betrachter mit einem Hintergrund, der gerade noch klar genug ist, um eine Form zu erkennen, aber so verschwommen, dass unklar bleibt, was da eigentlich abgebildet ist, und einem stark angeschnittenen Element im Vordergrund. Doch die Kompositionen sind keineswegs planlos – das Beispiel zeigt, dass der Rahmen an den Gebäuden und den horizontalen Linien am unteren Bildrand ausgerichtet ist – und so kann der Betrachter nur darüber spekulieren, was außerhalb des Blickfels geschieht.

Barth durchkreuzt in dieser Serie absichtlich fotografische Konventionen und zwingt die Betrachter zu der Erkenntnis, dass sie die Abwesenheit von etwas spüren, was sie von einem Foto erwarten – in diesem Fall ein Gesicht, aber es könnte auch alles mögliche andere sein. Sich Erwartungen auf diese Weise zu widersetzen, kann den Betrachter überraschen und faszinieren und Ihren Bildern eine andere Perspektive und Bedeutung geben.

GEGENÜBER:
Aus der Serie
... in passing
(Im Vorübergehen)

Nutzen Sie Ihre Blockaden

In ihrer Bilderserie dokumentiert Madison Beach ihre belastende Schlaflosigkeit im Verlauf von fünf Nächten. Sie kämpfte damals mit Ihrem Masterabschluss in Fotografie und entdeckte, indem sie dieses Projekt realisierte, eine Möglichkeit, ihre kreative Blockade zu ihrem Vorteil zu nutzen. Der Aufbau war simpel: Die Selbstporträts wurden mit einem Blitz gegen die Wand ihres Schlafzimmers aufgenommen; die Aufnahmen verkörpern ihre Beziehung zum Schlaf. Versuchen Sie aus

GEGENÜBER & UNTEN:
Aus der Serie *Insomnia (Schlaflosigkeit)*

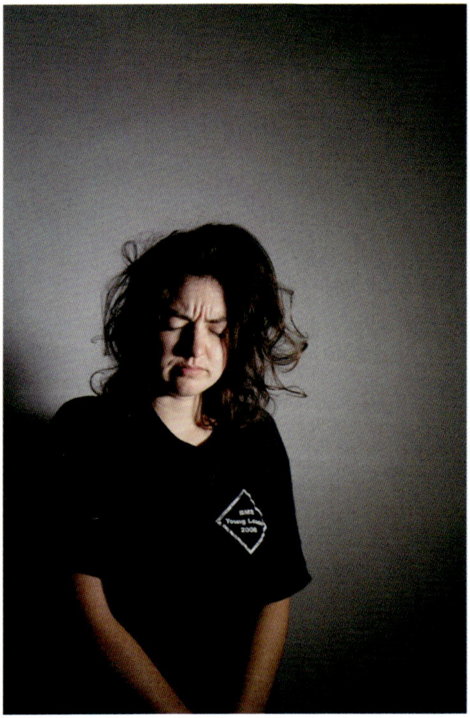

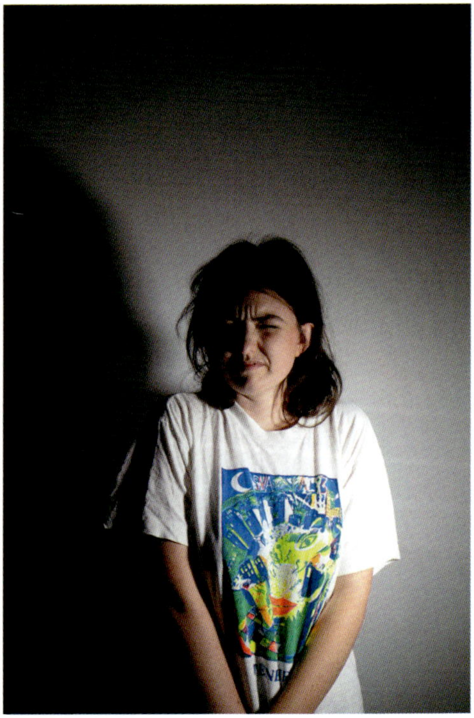

dem, was Sie am Arbeiten hindert, eine Studie zu machen. Serien-Aufschieberitis? Machen Sie, sobald Sie feststellen, dass Sie herumhampeln, ein Foto. Brutale Selbstkritik? Fotografieren Sie, wie es Ihnen damit ergeht: Wenn Sie sich wegen einer verpatzten Aufnahme schelten, machen Sie als Nächstes ein richtig schlechtes Foto; wenn es verschwommen ist, nehmen Sie etwas auf, was komplett unscharf ist.

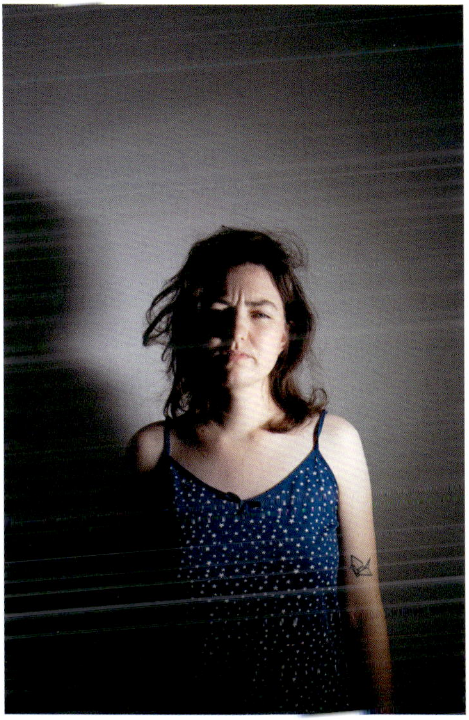

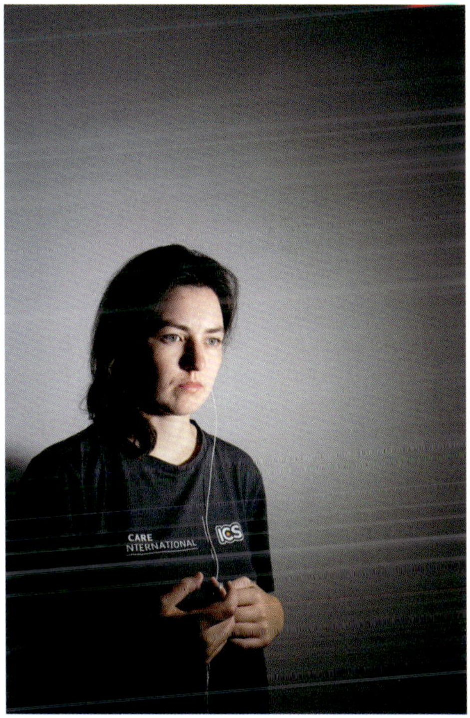

Stellung beziehen

Bereits zwei Jahre vor Banksys Stunt bei Sotheby's setzte Lilly Lulay einen Schredder ein, um ein Statement abzugeben. Lulay befasst sich in ihrer Kunst mit der Rolle der Fotografie im Alltagsleben, insbesondere mit unserer Beziehung zu unseren Smartphones, dem wichtigsten Medium, mit dem wir heute Bilder konsumieren.

Der langgestreckte Druck und sein stereotyper Inhalt deuten an, dass dieses Werk mit dem Format der »Instagram-Story« spielt. Der Schredder steht für die befristete und bedeutungslose Natur sozialer Medien. Im Story-Format tauchen Bilder nur für Sekunden auf, bevor sie von anderen abgelöst werden. Der erste Teil des Titels – *Sundowner@the Beach* – könnte der Hashtag sein; der zweite Teil – *recurring cycles* – verweist auf den Rhythmus des Lebens, den täglichen Sonnenauf- und -untergang und den unablässigen Strom an Informationen, dem wir über unsere Smartphones ausgesetzt sind.

Wenn Sie ein Statement abgeben wollen, müssen Sie einiges bedenken: Wie können Sie Medium, Inhalt, Titel und Methode der Präsentation so einsetzen, dass sie Ihre Aussage verstärken? Wen wollen Sie erreichen? Wo wird Ihre Arbeit gezeigt? Welche Gefühle wollen Sie wecken? Soll Ihr Werk provozieren, trösten, verwirren? Falls es Sie so richtig packt, könnte dies Ihr Lebenswerk werden.

GEGENÜBER:
Sundowner@the Beach: recurring cycles (Dämmerschoppen am Strand: wiederkehrende Kreise)

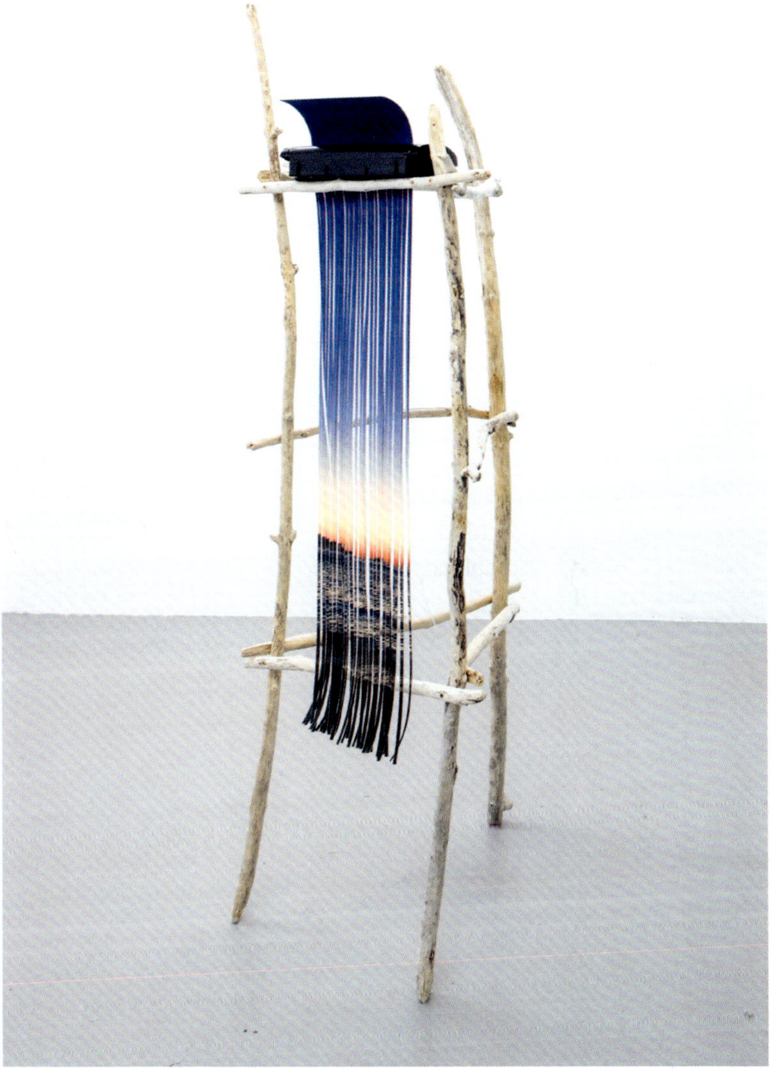

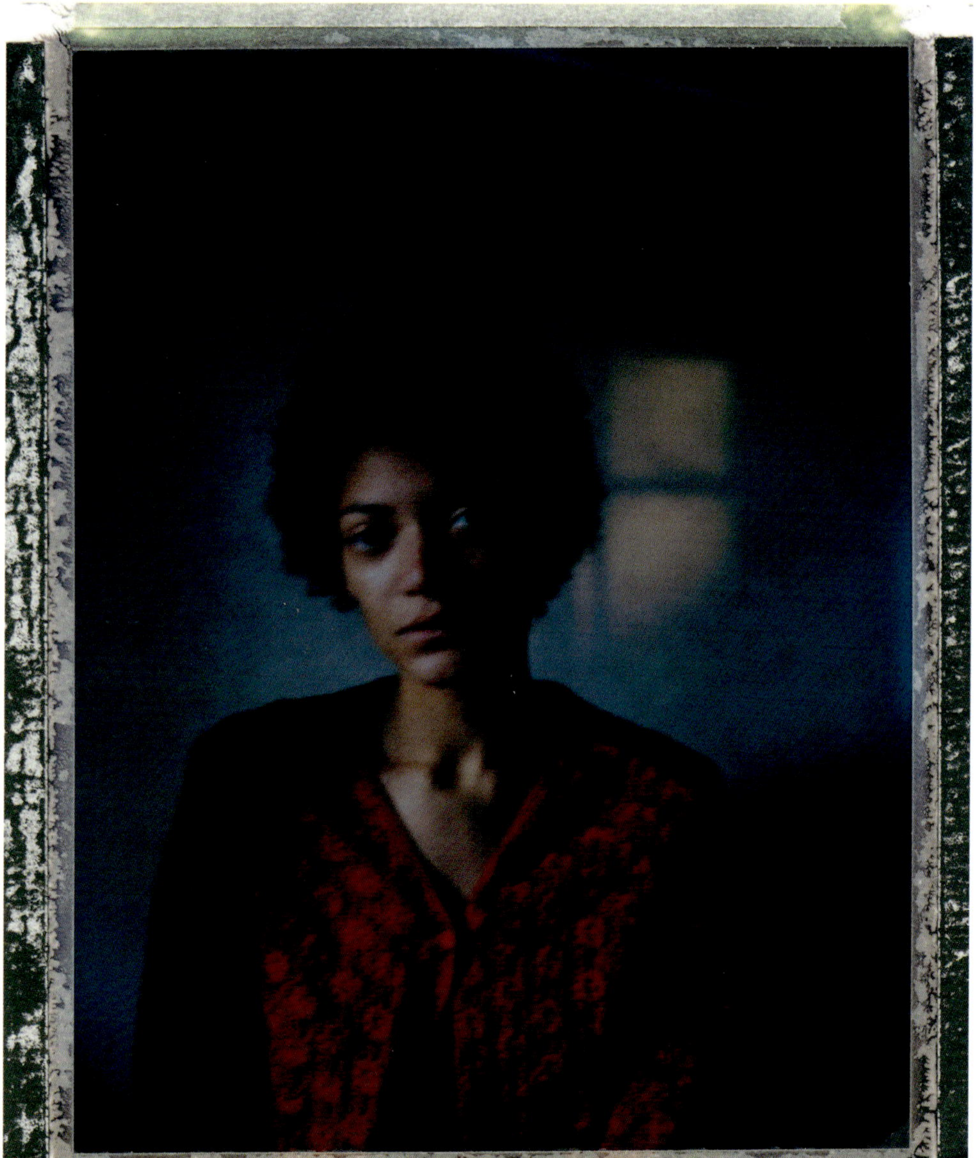

Selbstauferlegte Einschränkungen

Der Fotograf Ed Phillips führt über sein Leben in London und seine Beziehung zu seiner Freundin Donnika ein schriftliches und fotografisches Tagebuch. Die Fotos werden auf alte Polaroidfilme aufgenommen, die noch geschüttelt werden müssen (ihre Produktion wurde eingestellt; sie sind nur noch schwer zu finden). Dabei greift er auf einen kleinen Vorrat zurück, den er gerettet hat. Wenn dieser aufgebraucht ist, endet das Projekt und diese Form der Dokumentation seines Lebens.

Solche Einschränkungen können Kreativität freisetzen und unerforschte Welten eröffnen. Je nachdem, wie der Rahmen für ein Projekt gesteckt ist, wird sich dieser auf unerwartete Weise läuternd und erhellend auswirken. Durch die Begrenzung der Zeit oder einer anderen Ressource kann eine Dringlichkeit entstehen, sodass Sie keinen Augenblick und kein Bild an eine schlechte Aufnahme vergeuden wollen. Wenn Sie etwas Seltenes zum Thema machen, schärft das Ihr fotografisches Auge und Ihre Wachsamkeit – und Sie werden nie vergessen, die Kamera mitzunehmen. Wählen Sie ein besonders einfaches Thema, wird Sie das neue Betrachtungsweisen für alltägliche Dinge lehren. Und technische Einschränkungen stellen Sie vor die Herausforderung, kreative Lösungen zu finden, um die gewünschten Aufnahmen zu erhalten. Probieren Sie einmal aus, ob Einschränkungen Ihr fotografisches Talent entfesseln.

GEGENÜBER:
The Blue Hour (Die blaue Stunde)
(Donnika, London 2019)

Unscharfer Akt

Kamil Śleszyński, ehemaliger Briefträger und Gabelstapelfahrer und autodidaktischer Fotograf aus Bulgarien, lebt und arbeitete in Polen. Er definiert seine Arbeit als im weitesten Sinne dokumentarisch, doch als seine Frau schwanger wurde, veränderte sich seine Wahrnehmung der Welt, und er befasste sich mit einem persönlicheren Thema.

Prolog, die Serie, aus der dieses Bild stammt, lotet die Hoffnungen und Ängste aus, denen werdende Eltern sich stellen müssen. Der unscharfe Akt spricht sowohl von der Schönheit und Zerbrechlichkeit dieses Zustands als auch von der heiklen Beziehung zwischen schwangerer Frau und angehendem Vater.

Eine lange Verschlusszeit wie hier, bei der die Kamera während der Belichtung horizontal verschoben wurde, erfordert in der Regel einige Versuche, bis man den erwünschten Effekt erzielt. Doch die Ergebnisse sind – unvorhersehbar, wie sie sind – ausnahmslos einzigartig.

RECHTS:
Wife (Ehefrau)
aus der Serie
Prolog (Vorspiel)

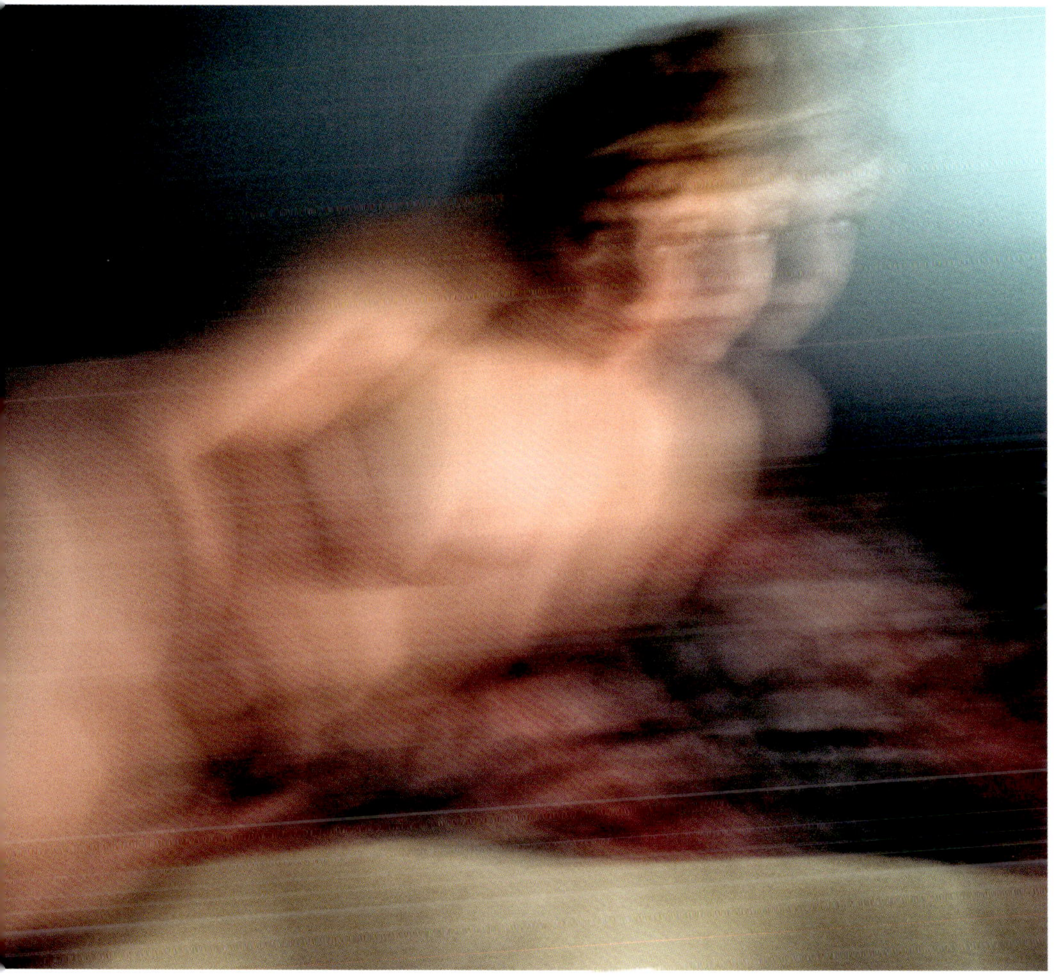

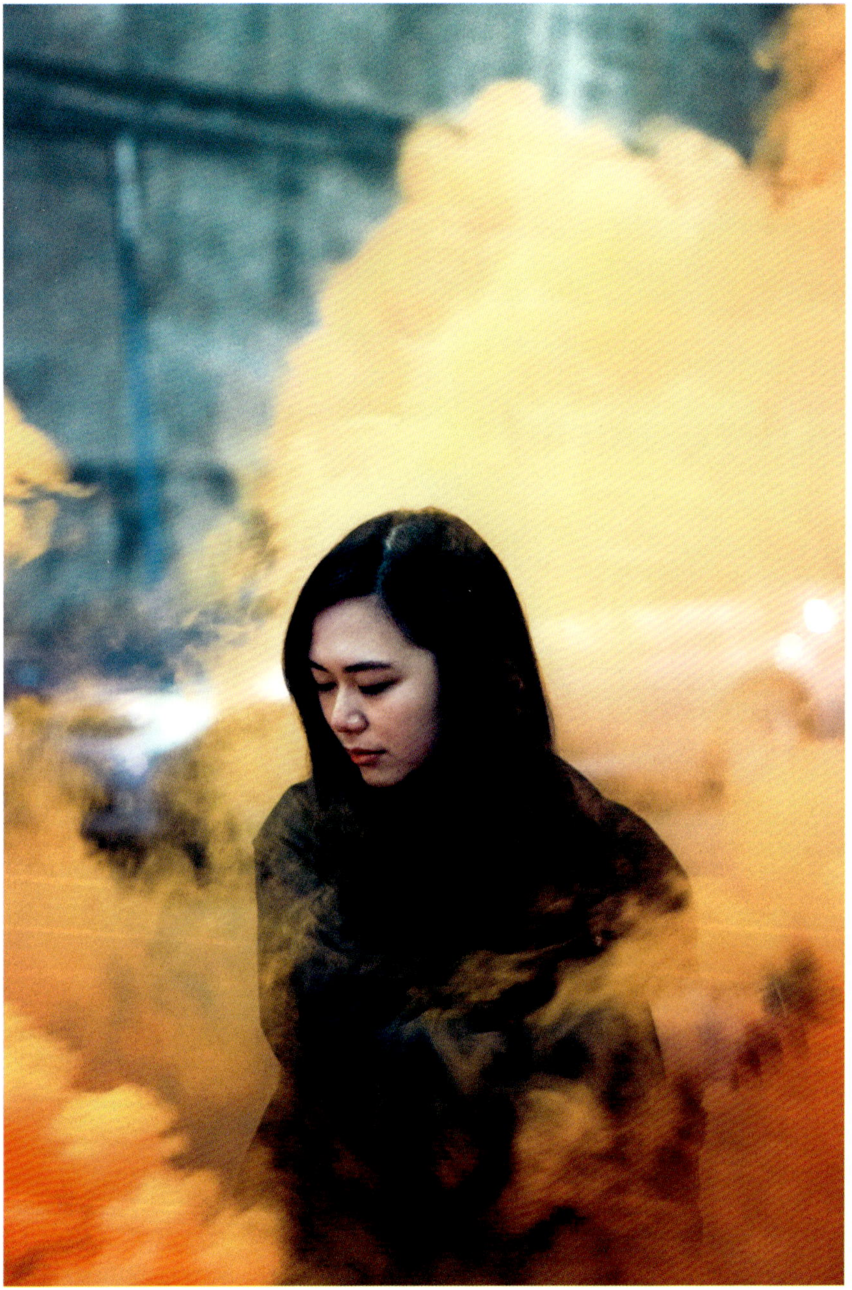

Wo Rauch ist …

Chang Liu hat ein gutes Auge für intime Porträts vor geschäftigen, pulsierenden Hintergründen. Für diese Aufnahme hat er seine eigene Farbe und ein wenig Chaos in Form einer Rauchbombe in die Szene eingebracht. Das Model hat die Augen geschlossen, weil der Rauch sie reizt, doch ihre äußerliche Ruhe verstärkt noch den Kontrast, der ein wiederkehrendes Thema in Lius Werk ist. Der Kontrast zwischen dem kühlen Hintergrund und den warmen Farben des Rauchs macht es umso ergreifender.

Wenn man solche Aufnahmen in der Öffentlichkeit machen will, geht es vorranging um die Kunst des Sehens und darum, eine Gelegenheit beim Schopf zu packen. Doch wir können uns solche Momente auch schaffen. Eine Rauchbombe ist ein relativ kleiner Gegenstand, den Sie sich einfach in die Tasche stecken können, doch sobald Sie sie anzünden, sorgt sie für ein großes, eindrucksvolles Tamtam. Es kann sein, dass Sie einen Tumult provozieren, Schaulustige anlocken oder sogar gebeten werden zu gehen – wie bei Liu und seinem Model in diesem Fall –, doch das kann genau den Aufruhr bringen, der der Aufnahme noch fehlte!

GEGENÜBER:
Shrouded.003
(Umnebelt.003)

Bühnenbeleuchtung

Während des Zweiten Weltkriegs beauftragte das britische Luftfahrtministerium Filmtechniker, falsche Städte, Flugplätze, Docks und Ölraffinerien zu bauen, hauptsächlich unter Verwendung von Feuer und elektrischem Licht. Diese Täuschungsmanöver sollten die feindlichen Bomber von realen Zielen ablenken. 2016 dokumentierte Peter Spurgeon, was von diesen »Ködern« übrig geblieben ist, und kombinierte dabei bewusst eine dunkle Szene mit dramatischer Beleuchtung, um die nervöse, gespenstische Atmosphäre des Krieges heraufzubeschwören.

Bühnenlicht kann eine Szene beleben und emotionale Reaktionen hervorrufen. Manchmal geht das auch mit natürlichem Licht, doch es macht Spaß, mit künstlichen Lichtquellen zu experimentieren. Verwenden Sie starke Kontraste, Scheinwerfereffekte und sorgfältige Positionierung von Licht und Schatten, um ein Gefühl von Drama, Atmosphäre oder Erzählung zu erzeugen.

RECHTS:
Aus der Serie *Decoy (Köder)*

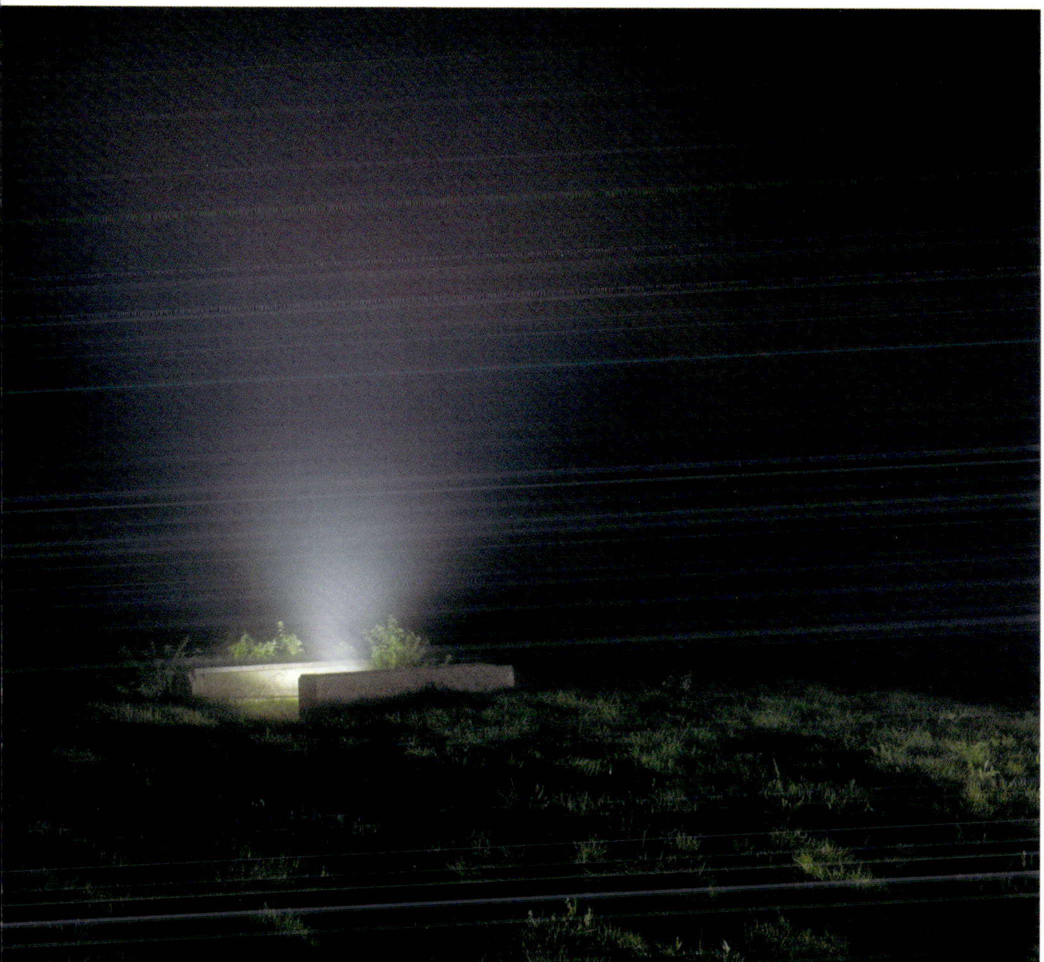

Konzentration auf Farbe

Adrian Wojtas präsentiert in den Geschichten, die seine Bilder erzählen, Farben als Charaktere. Seine menschlichen Motive sind fesselnd, doch sie müssen sich die Bühne oft mit dramatischen Farbtönen teilen und gelegentlich sogar die zweite Geige spielen. Farbe auf diese Weise in den Mittelpunkt zu stellen ist kennzeichnend für Wojtas Stil und ein Symptom für seinen Hang zum abstrakten Formalismus.

Eine Szene mit kontrastierenden Farben und starken grafischen Elementen ergibt ein Bild, das hohe Sättigung verträgt. Sie können damit bei der Aufnahme und bei der Nachbearbeitung spielen. Schauen Sie, wie weit Sie mit Ihren Farben gehen können, ohne künstlerische und technische Qualität zu vernachlässigen.

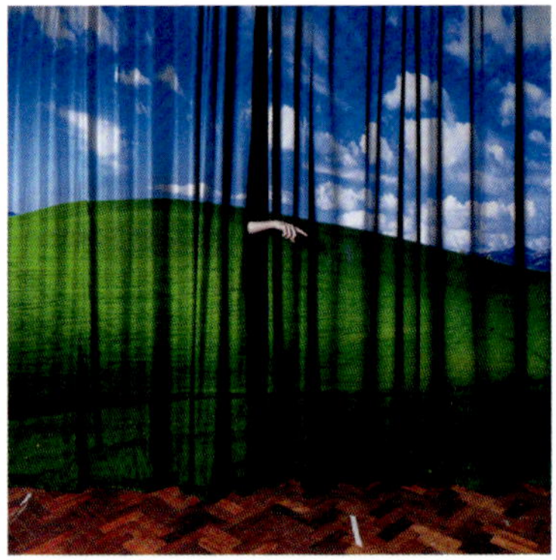

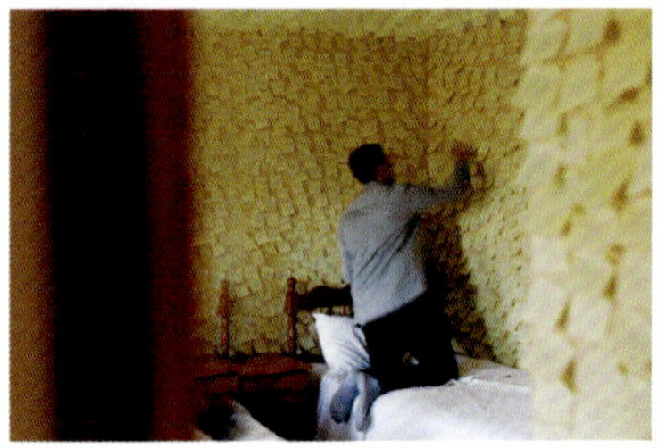

GANZ OBEN:
< ignorance is > (Dummheit ist)
OBEN:
Ohne Titel
GEGENÜBER:
Illustration für die Single *Full Recovery* von Curtis Walsh

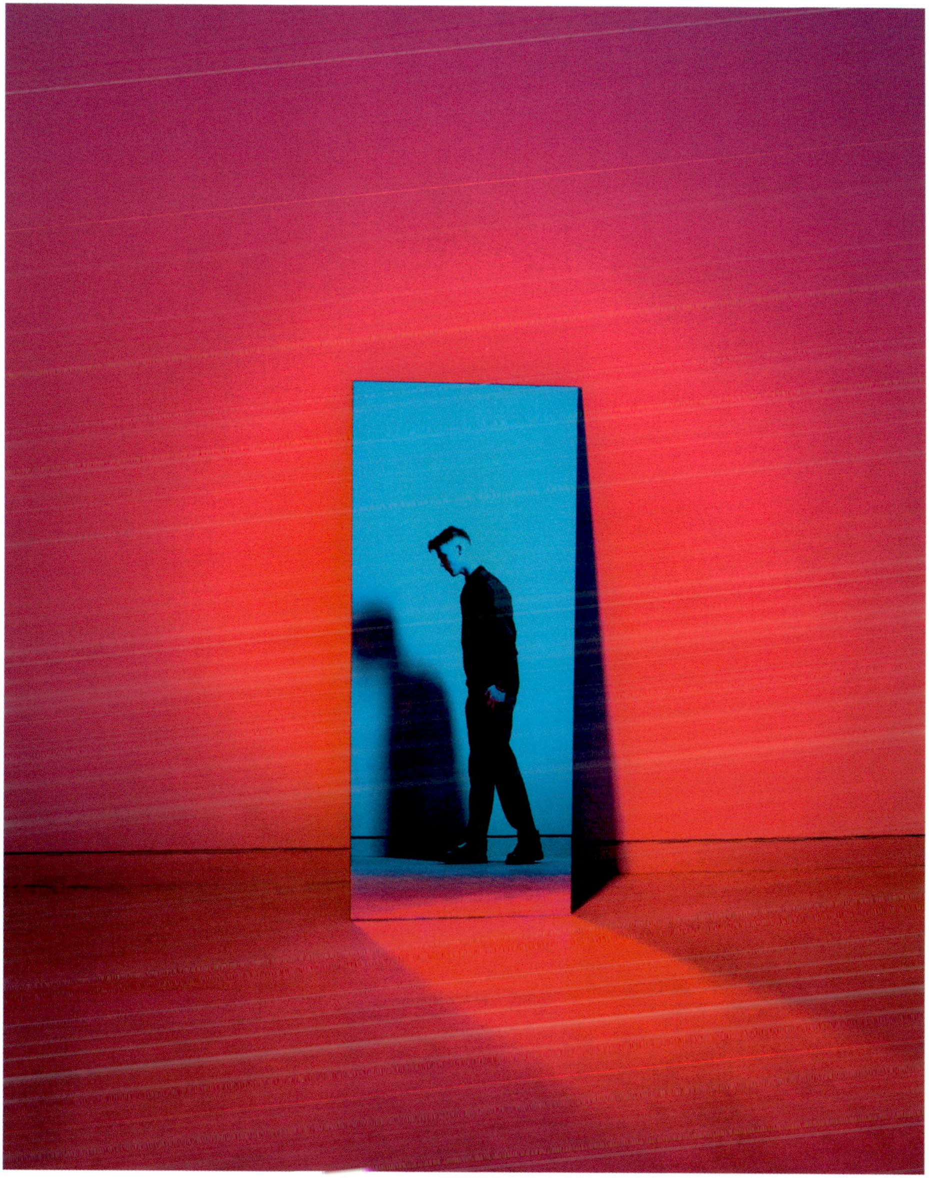

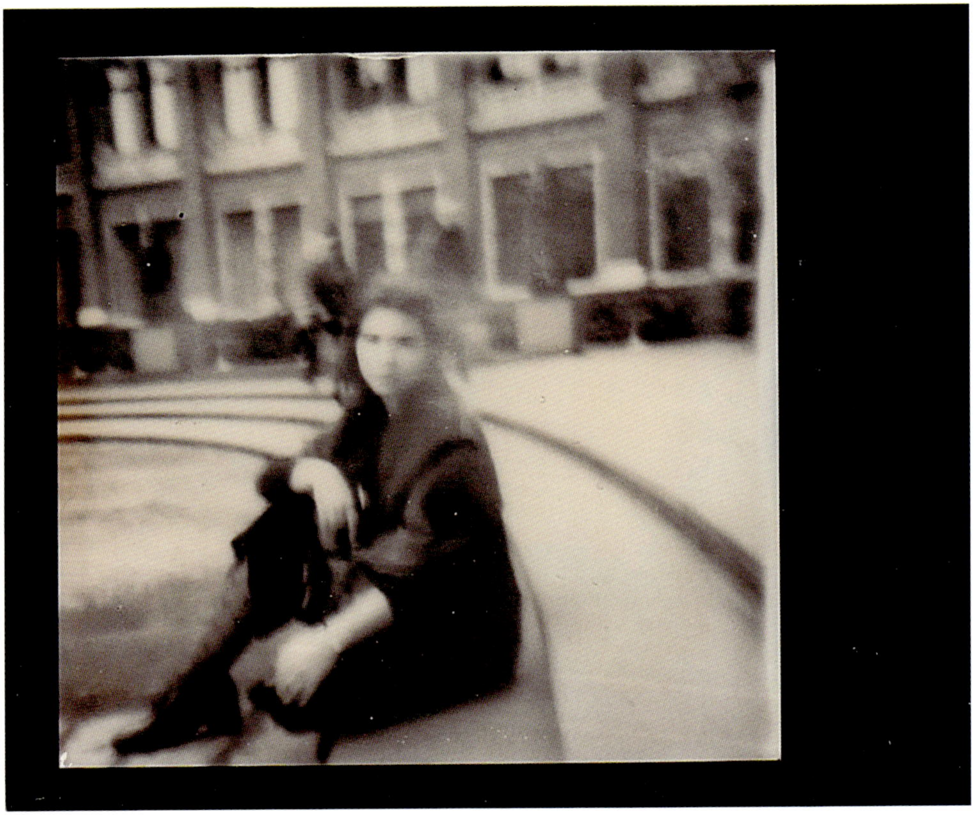

Fotoprojekt

Andreea Andrei fing ihr Projekt *Instant People/Polaroid Portraits* aus dem schlichten Wunsch heraus an, Porträts von Menschen aufzunehmen. Und sie wollte Menschen so fotografieren, wie sie gesehen werden möchten, als Akt der Rebellion, als Geltendmachung ihrer Individualität, als Bekräftigung dessen, dass man sein kann, was man sein will. Insgesamt entstanden 26 Porträts – als sie das Projekt abschloss, war sie 26 Jahre alt – von Menschen aus unterschiedlichen Gesellschaften und Kulturen. Die Wahl von Schwarzweiß-Polaroid-Film spiegelt ihren bevorzugten Stil wieder, denn sie verweist auf die Gegenwart des Fotografen im Porträt.

Sie können aus allen Facetten der Fotografie ein Projekt machen, aber es ist, wie bei Andrei, am besten, sich einige einschränkende Bedingungen zu setzen, die die individuellen Bilder zu einem kohärenten Oeuvre verbinden. Das kann alles Mögliche sein: die Ausrüstung, der Zeitrahmen, Farbe, kompositorische Mittel ... Wählen Sie Einschränkungen, die eine Herausforderung für Sie darstellen und Ihr Interesse wachhalten, oder solche, die in irgendeiner Weise relevant sind für Ihr Projekt.

GEGENÜBER:
Carmen Casiuc at the V&A Museum (Carmen Casiuc im Victoria and Albert Museum) aus der Serie *Instant People/ Polaroid Portraits (Fertig-Menschen/Polaroid-Porträts)*

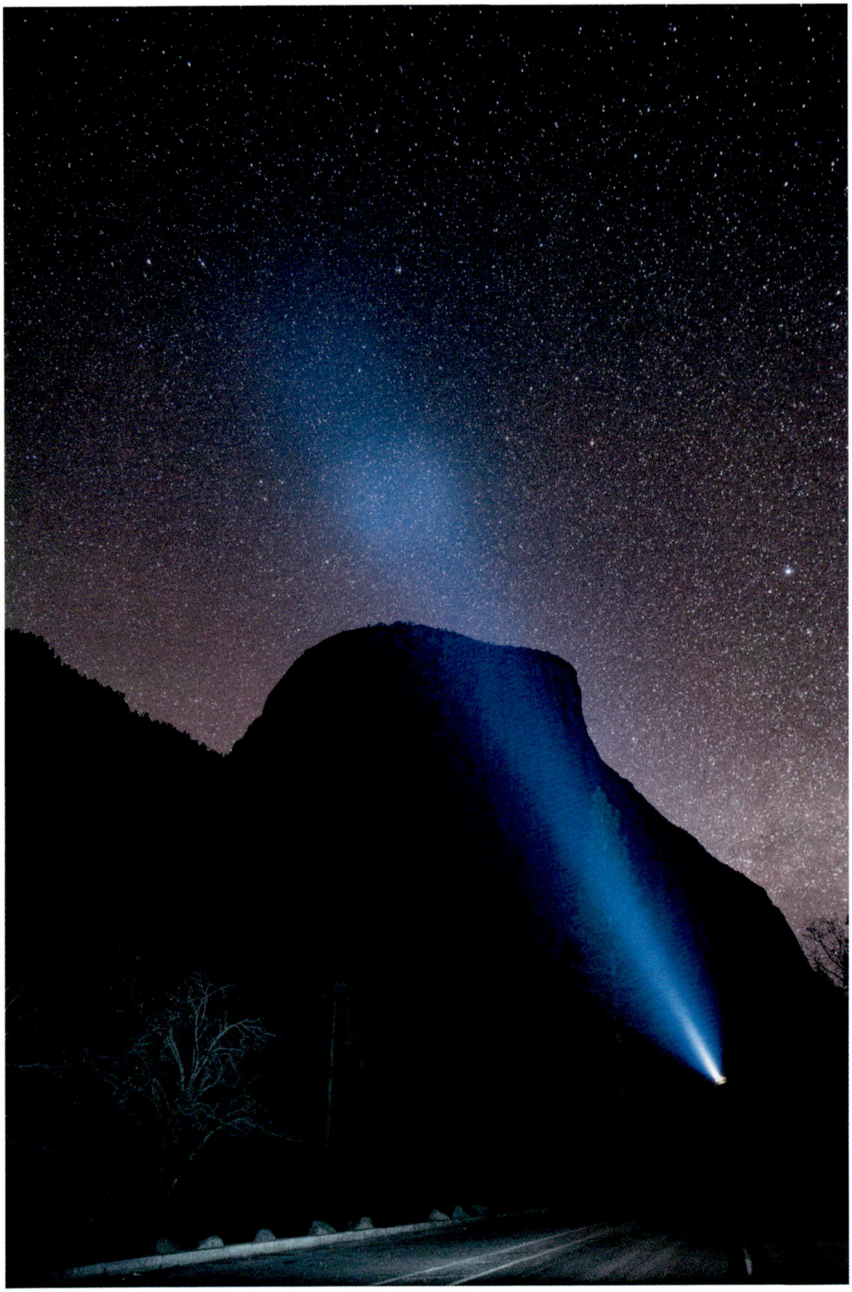

Nachthimmel

Eine lange Belichtung eines prächtigen Nachthimmels wie hier kann ausreichen, um ein eindrucksvolles Bild aufzunehmen, besonders mit dem unglaublich dramatischen amerikanischen Westen im Vordergrund. Casey Horner reichert dieses Bild mit einer zarten Silhouette und einem Hauch von künstlichem Licht an, das den unmittelbaren Vordergrund mit den fernen Sternen verbindet.

Der Nachthimmel bietet eine wunderbare Leinwand für Experimente mit Lichtmalerei, wofür dies ein einfaches, aber eindrucksvolles Beispiel ist, sowie für andere Techniken mit langer Belichtungszeit, etwa dem Aufzeichnen von Sternenspuren. Und da das natürlich besser da geht, wo wenig Lichtverschmutzung herrscht, lohnt sich eine Fahrt hinaus ins Blaue.

GEGENÜBER:
Yosemite Valley, United States

Nah herangehen

Mittels Prozessen der Objektivierung, Fragmentierung, Vergrößerung und Anhäufung befasst sich Alix Maries Arbeit mit unserer Beziehung zum menschlichen Körper und dessen Darstellung. Sie thematisiert Gender-Stereotypen, dabei kommt ihr Ansatz aus dem Bauch heraus und ist ebenso aufrichtig wie oft auch humorvoll.

Die Fotografie reproduziert die Wirklichkeit. Dies ist zwar keine unwiderlegbare Tatsache, doch es ist definitiv ein Aspekt des Mediums, und zwar einer, auf den Marie sehr explizit Bezug nimmt. Aspekte des Körpers, die normalerweise tabu sind und in der Porträtfotografie eher verborgen oder geglättet werden, zeigt sie nicht nur an prominenter Stelle, sondern verstärkt sie und macht ihren Anblick durch ihre Mixed-Media-Ergänzungen noch ein wenig unbehaglicher. Folgen Sie diesem kühnen Ansatz, indem Sie die Elemente Ihres Motivs – ob es ein Model ist, Kleidung, eine Straßenszene oder eine Landschaft – aufspüren, die nicht den geschönten und künstlich geschaffenen Visionen von Perfektion entsprechen, die viele zeitgenössische Fotografen bevorzugen. Schauen Sie, ob Sie einen Weg finden, diese Elemente ins Zentrum zu stellen, statt sie zu eliminieren.

GEGENÜBER:
Lip Wax aus der
Serie *Bleu*

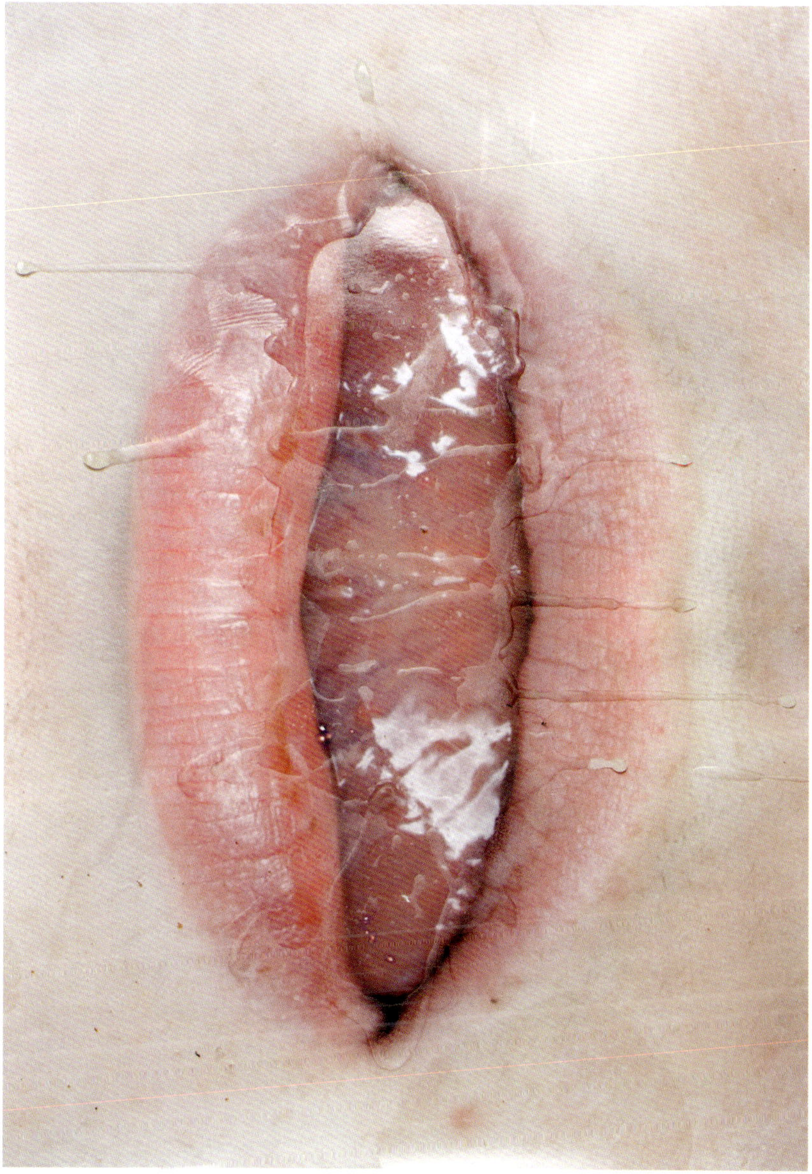

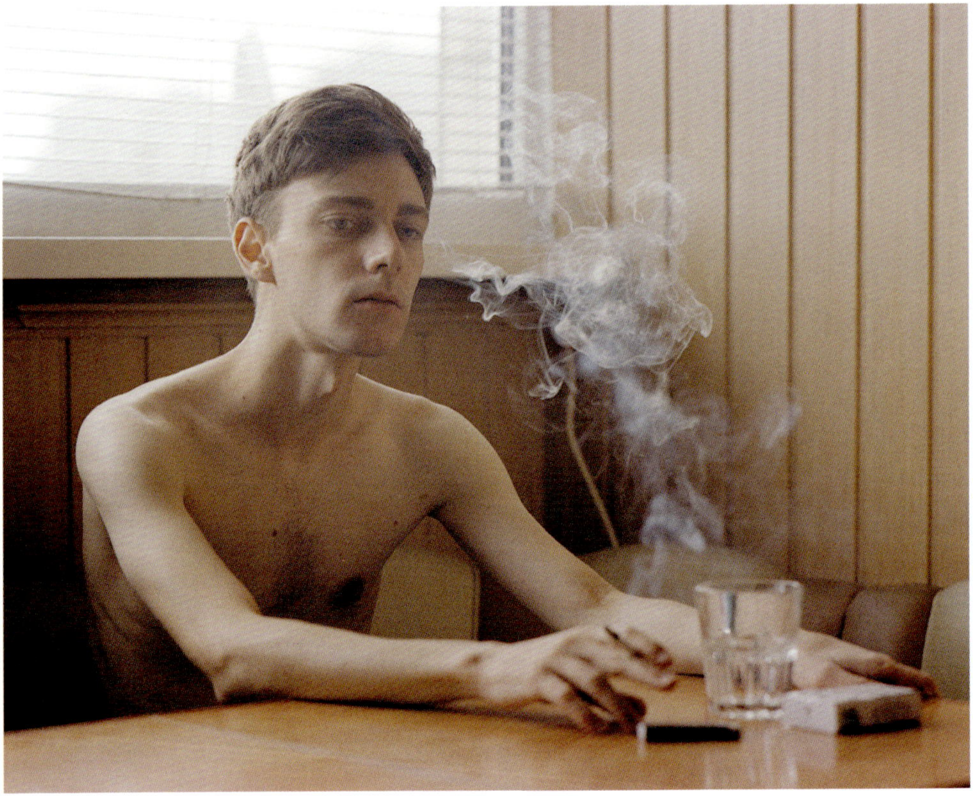

Einfühlungsvermögen

Daniel Jack Lyons' Porträtfotografie ist weithin durchdrungen von seinen Erfahrungen als Fachmann und Aktivist für Menschenrechte. Durch diese Arbeit hat er ein besonderes Feingefühl gegenüber den Menschen, die er aufnimmt: Sein Ansatz ist, »mich auf das Individuum selbst zu konzentrieren und nicht auf seine Lebensumstände«. Seine Porträtierten sind oft mit Problemen konfrontiert, vor denen viele die Augen verschließen; etwa Patienten mit psychischen Problemen in einer Einrichtung in Mahotas in Mosambik oder die jungen Männer und Frauen aus der Ukraine, die durch politische Konflikte vertrieben wurden und die er in seiner Serie *Displaced Youth* dokumentiert.

Ein bedeutsamer Teil von Lyons' Vorgehensweise – von dem alle Fotografen etwas lernen und was sie nicht vergessen sollten, wenn sie mit verletzlichen Menschen arbeiten –, ist der Respekt vor der Autorität seiner Porträtierten. Statt ihnen seine Vision überzustülpen, gibt er ihnen ein Mitspracherecht, wie sie abgebildet werden. Das Einfühlungsvermögen in Lyons' Arbeit ist eindrucksvoll; es wertet die Porträts auf.

GEGENÜBER:
Breakfast with Alexi (Frühstück mit Alex) aus der Serie *Displaced Youth (Vertriebene Jugend)*

Scannerfotos

Georgina Campbell ist Fotokünstlerin mit einem experimentellen Ansatz. Die hier gezeigten Bilder wurden mit mechanisch veränderten Flachbettscannern aufgenommen. Campbell baut Scanner mit Holz, Pappe und Teilen von alten Kameras in tragbare Kameras um. Das Bild wird als eine Abfolge von Zeilen festgehalten, während der Scanner sich langsam den Weg über die Bildebene bahnt; alles, was sich während der Belichtung innerhalb des Bildausschnitts bewegt, wird verformt und gekrümmt, wodurch skulpturale Formen entstehen. Vielleicht besitzt nicht jeder die technischen Fertigkeiten, einen Scanner zu einer Kamera umzubauen, doch Campbells Arbeit demonstriert, dass es außer Kameras auch noch andere Gerätschaften gibt, mit denen sich Bilder aufnehmen lassen.

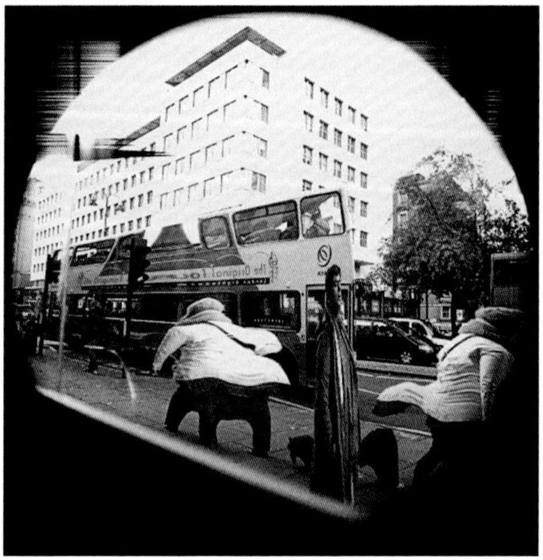

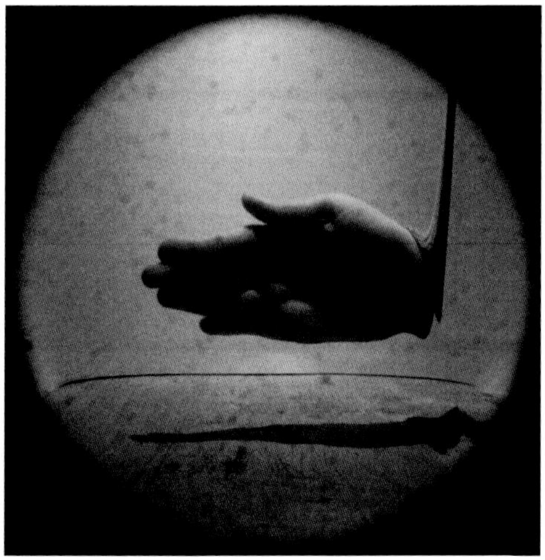

GEGENÜBER, LINKS:
Charing Cross, 2010
GEGENÜBER, RECHTS:
Hand, 2009
UNTEN:
Emmi as a spider, 2013 (Emmi als Spinne)

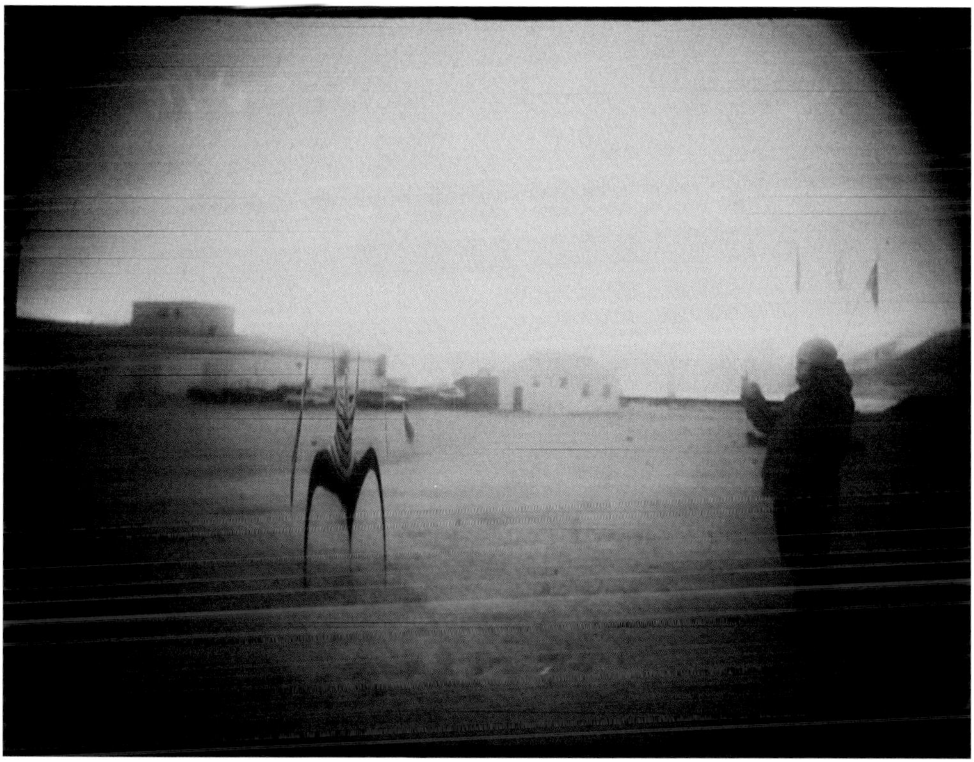

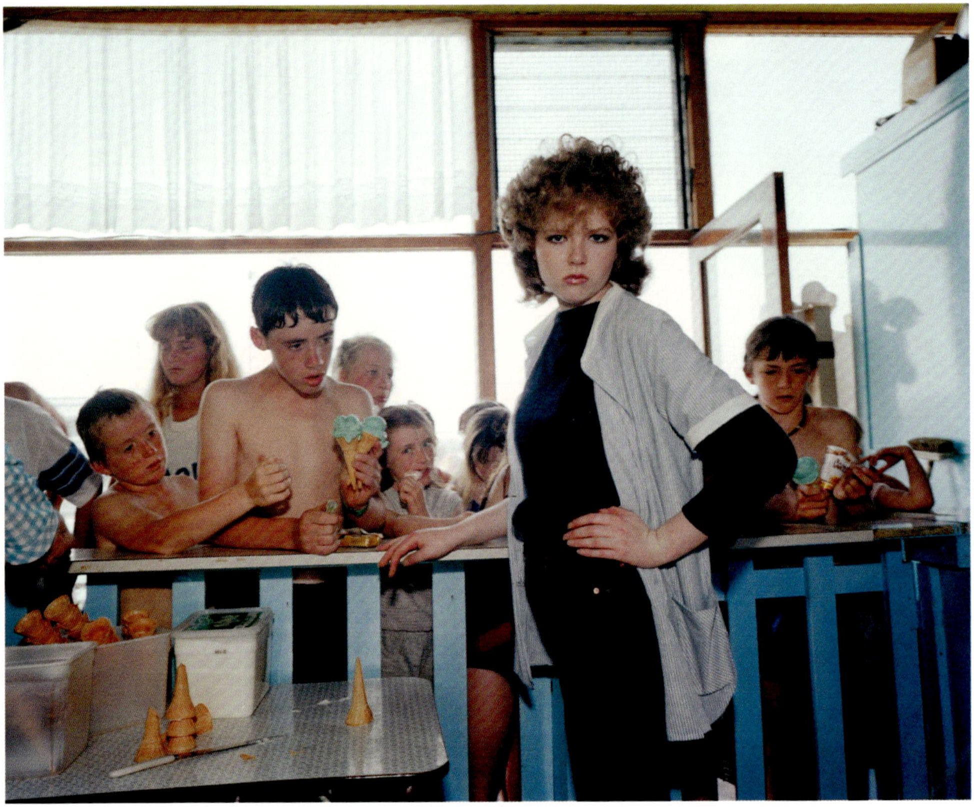

Kommentar zur sozialen Lage

Martin Parr ist ein renommierter britischer Dokumentarfotograf. Dieses Bild stammt aus seiner Serie *Last Resort*, für die er in den frühen 1980er Jahren mehrere Sommer lang an der britischen Küste Menschen aus der Arbeiterschicht fotografierte.

Auf dem Bild ist unglaublich viel los: Die junge Frau, die direkt in die Kamera blickt, sieht aus, als hätte sie die Schnauze voll, der Junge, der drei Eistüten in den Händen hält, mustert sie, während der kleinere Junge nach einer Eistüte greift. Man spürt die Hitze und riecht das billige Eis förmlich; es ist eine durch und durch typische britische Strandszene.

Parr wurde für seinen prüfenden Blick auf die britische Arbeiterklasse kritisiert, doch seine ehrlichen Aufnahmen dokumentieren mit Spott und liebevoller Aufmerksamkeit eine bestimmte Zeitspanne. Schleichende soziale Veränderungen werden im Alltag leicht übersehen, doch dadurch, dass Parr sich an einem einzigen Ort auf einen kleinen Teil der Gesellschaft konzentrierte, entstand ein bedeutendes Werk als Kommentar zur sozialen Lage.

Fotografie muss nicht schön sein, um wichtig zu sein. Suchen Sie das Außergewöhnliche im Banalen und geben Sie Ihrer Arbeit einen kontextuellen Rahmen, indem Sie sich auf ein Thema konzentrieren, seien es Tante-Emma-Läden, Sportvereine oder die Cafés in Ihrem Viertel.

GEGENÜBER:
The *Last Resort 23* aus der Serie
Last Resort (Letzte Zuflucht)

Lebenswelten erkunden

In diesen Bildern aus seiner Serie *Homo (Sovieticus)* befasst sich der litauische Fotograf Vytaute Trijonyte mit der Beziehung zwischen Landschaft und sozialer und politischer Geschichte sowie zwischen Mensch und Ort. Diese Serie entstand in enger Zusammenarbeit mit seinem Vater; die Bildsprache möchte den Austausch zwischen Landschaft, historischem Kontext und Identität zeigen. Die Interaktion zwischen Trijonytes Vater und seiner Umgebung ist harmonisch und gespenstisch zugleich; die Posen, die er einnimmt, sind einfach, aber doch ein wenig unnatürlich, sodass sie aufmerken lassen und der Landschaft eine Dynamik geben, die weder ganz in der Wirklichkeit verwurzelt ist noch frei erfunden, sondern ein sorgfältiges Wechselspiel.

Überlegen Sie, welche kontextbezogenen Porträts Sie von den Menschen in Ihrem Leben machen könnten: Großeltern, die seit ihrer Geburt auf demselben Bauernhof gelebt haben, eine befreundete Künstlerin in ihrem unaufgeräumten Atelier, Ihr Kind mitten im Durcheinander des Spiels und so weiter. Die Umgebung wird ein Teil der Geschichte und erzählt dem Betrachter etwas über den Porträtierten.

GEGENÜBER:
Aus der Serie
Homo (Sovieticus)

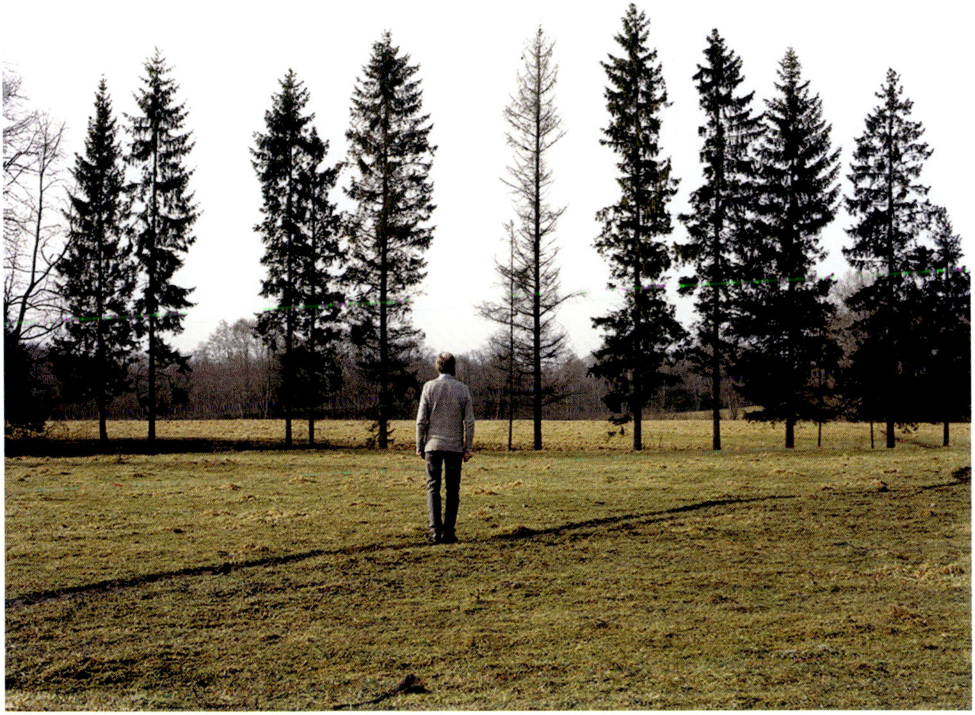
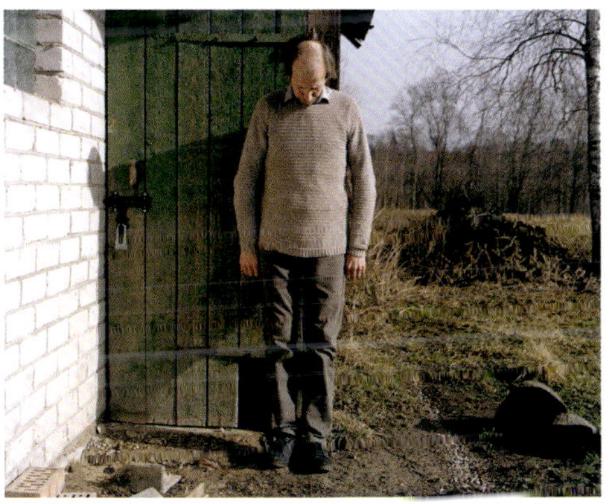
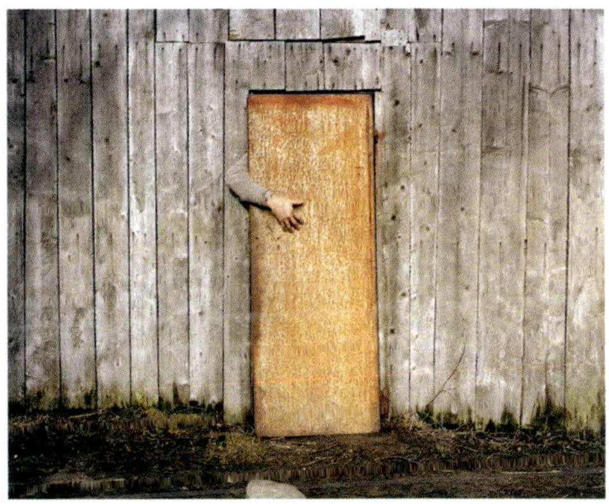

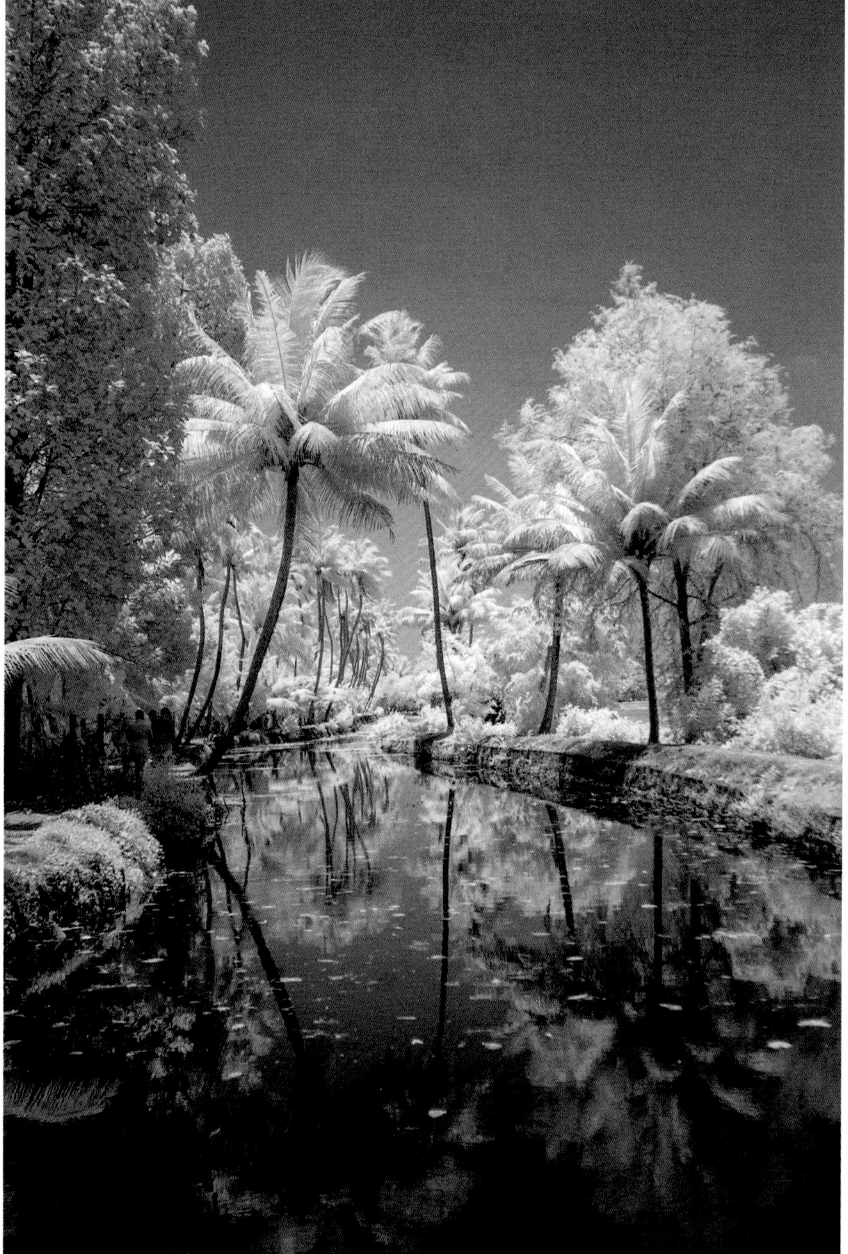

Infrarot

Die surreale Schönheit von Adarsh V. Srinivasans Infrarotfotografien zeigen stille, weißgetünchte Blicke auf Straßen im südlichen Indien. Viele von Srinivasans Straßenszenen sind chaotisch – Menschen, Pflanzen, Tiere, Nahrungsmittel und Farben im Überfluss. Der Aufsatz eines einfachen Filters, der Einfluss darauf nimmt, welche Lichtwellen auf das Aufnahmematerial treffen, verschiebt die Stimmung deutlich. Hauttöne bekommen einen pudrig-blauen Schimmer; lottrige Palmen sehen aus wie mit Eis und seidig-feinem Schnee bedeckt; alltägliche Handlungen werden verwandelt, wie aus der Zeit herausgelöst und mit traumähnlichen Eigenschaften durchtränkt.

Infrarotaufnahmen können mit einem analogen Fotoapparat und Infrarotfilm gemacht werden, doch mit einem zusätzlichen Filter sind viele Digitalkameras ebenfalls infrarotfähig. Infrarotfilme und digitale Infrarotaufnahmen führen zu verschiedenen Ergebnissen: Infrarotfilme weisen einen Haloeffekt mit einer ausgeprägten Reduktion der Schärfe auf und führen daher zu einer Art verträumtem Stil. Infrarotfotografien, die, wie die hier gezeigten, mit einer Digitalkamera aufgenommen wurden, sind in der Regel schärfer.

GEGENÜBER.
Kerala, Indien

Gesichtslose Porträts

Oscar Keys' unverwechselbarer Porträtstil zeigt die Menschen oft mit verborgenen Gesichtern, womit er die Vorstellung dessen, was ein Porträt zu sein hat, in Frage stellt. In gewisser Weise ist das eine Übung im Untergraben fotografischer Erwartungen, ähnlich wie Uta Barths angeschnittene Porträts (siehe Seite 84). Das gesichtslose Porträt hat etwas Rätselhaftes. Doch bei Keys Herangehensweise bleibt auf dem Rest des Bilds genug, um damit zu spielen.

Ohne ein Gesicht, das unsere Aufmerksamkeit fesselt, bauen diese Bilder ganz auf Kontext- und Gestaltungselemente. Vorstellungen von Identität treten in den Hintergrund oder können vom Betrachter assoziativ erraten werden. Das farblich passende Band direkt vor dem Horizont verbindet das Model buchstäblich mit der Meerlandschaft. Keys nennt Einfachheit als eine der entscheidenden Kräfte, die ihn antreiben. Bei dieser Aufnahme mit ihrer eingeschränkten Farbpalette und der ruhigen Komposition funktioniert das auf jeden Fall. Ihren gesichtslosen Porträts sind thematisch keine Grenzen gesetzt. Fangen Sie damit an, dass Sie sich überlegen, womit Sie das Gesicht des Models verbergen können, und schauen Sie, welche größeren Vorbereitungen dafür erforderlich sind. Behalten Sie Farben, Requisiten, Kleidung und die Gesamtkomposition im Blick – genau wie bei einem ganz normalen Porträt.

GEGENÜBER:
Ohne Titel

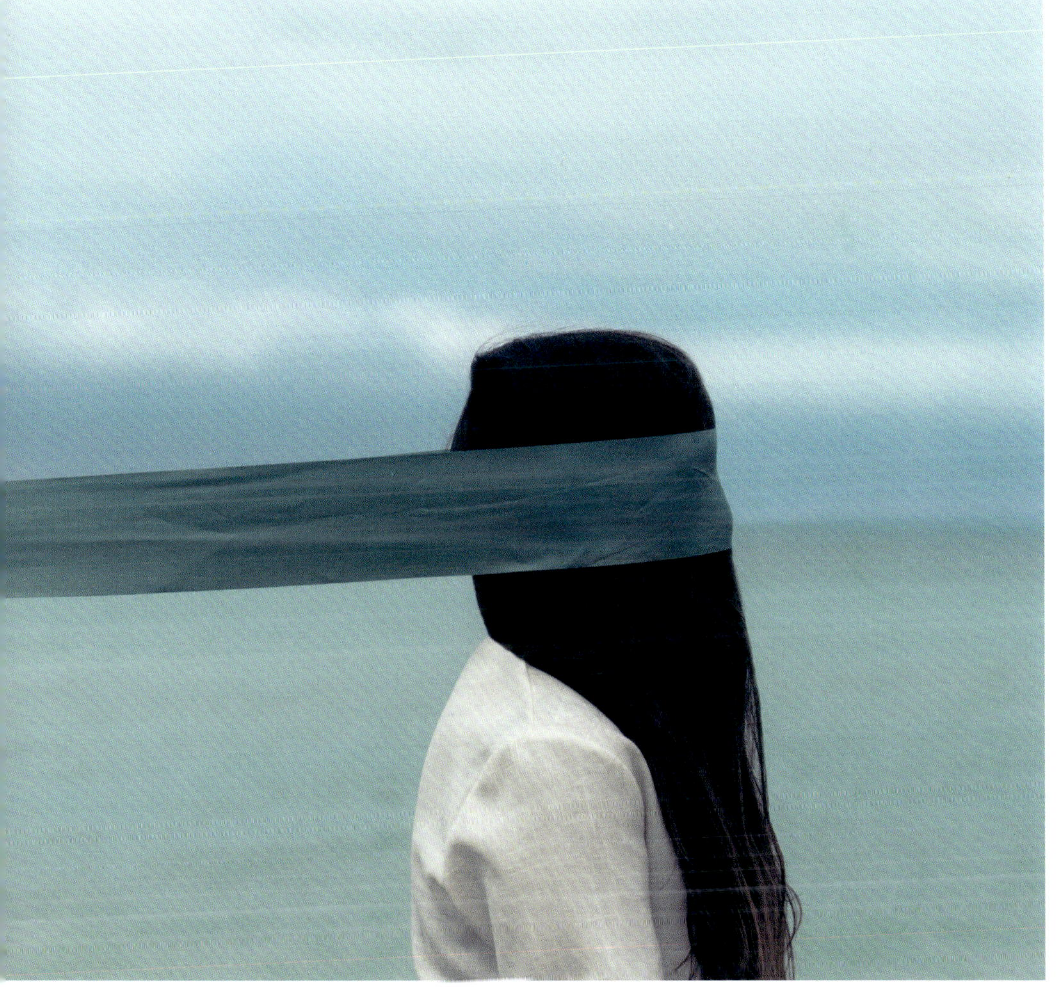

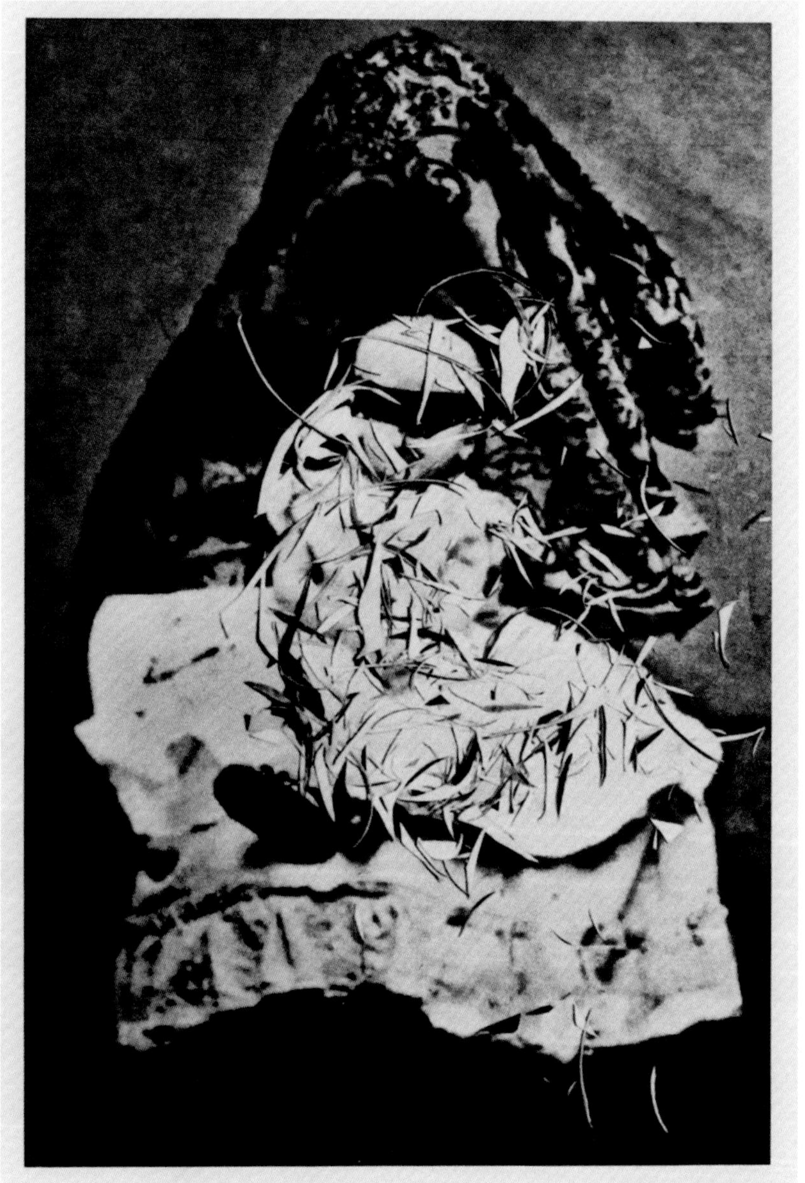

Die Vergangenheit plündern

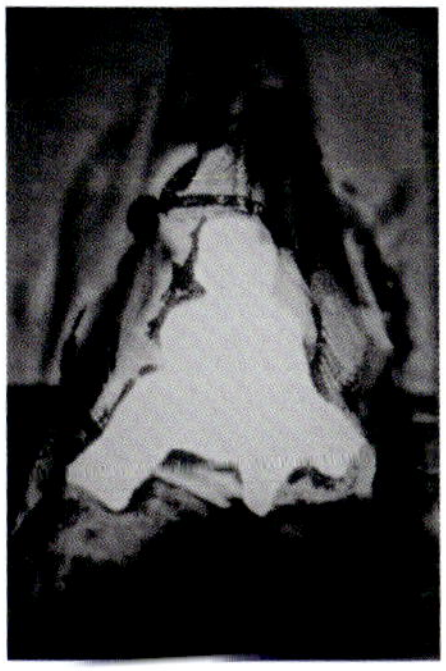

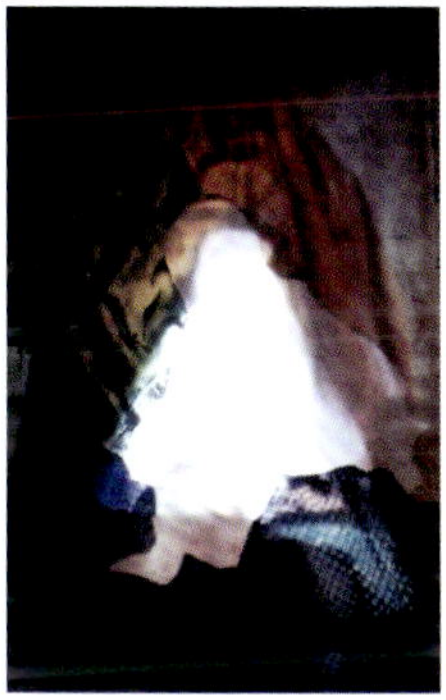

Josie Taylor nimmt gefundene Fotos von Babys aus den frühen 1900er Jahren und schafft daraus Bilder, die etwas Jenseitiges ausstrahlen und ein unangenehmer Anblick sind. Die frühe Fotografie erforderte lange Belichtungszeiten. Um einen Säugling aufnehmen zu können, musste es festgehalten werden, oft von der unter einer Decke versteckten Mutter. Die Originalaufnahmen sind ebenso faszinierend wie beunruhigend. Taylor dekonstruiert und rekonstruiert Fotografien, indem sie sie abstrahiert, schichtet und manchmal Farbe auf die Oberfläche des Fotos aufträgt, um dem Betrachter eine alternative Sichtweise anzubieten.

Alte Fotografien findet man oft in Vintage- oder Trödelläden; Museumswebseiten und Sammlungen bieten hochaufgelöste Drucke von urheberrechtsfreien Fotografien zum Download an. Suchen Sie nach Aufnahmen mit einem gemeinsamen Thema. Machen Sie mit Schere und Kleber oder digital Collagen daraus oder fügen Sie ein anderes Medium hinzu. Sie können sich für Ihre eigene Arbeit auch einfach vom Stil, der Pose, der Farbe oder anderen Charakteristika der antiken Bildsprache inspirieren lassen.

GEGENÜBER:
Masked Baby – Hidden Mother
(Maskiertes Baby – Versteckte Mutter)
GANZ OBEN:
Hidden Mother – Missing Baby 2
(Versteckte Mutter – Fehlendes Baby 2)
OBEN:
Hidden Mother – Missing Baby 1

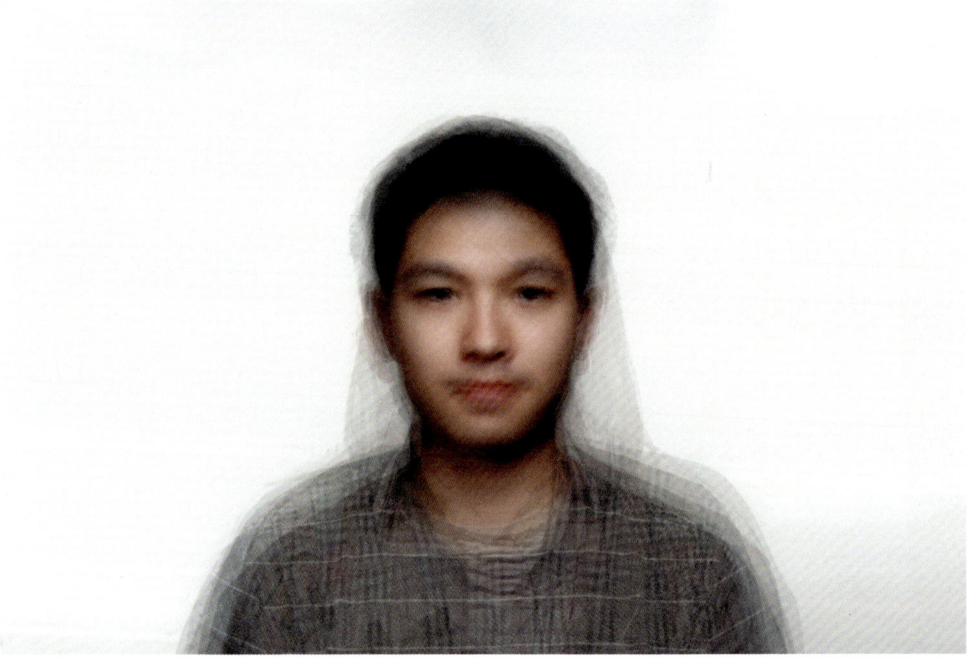

Multiple Porträts

Yafei Wang schuf diese Ebenenkomposition von zwölf Individuen, alle Studierende an der University of Brighton in Großbritannien, doch aus unterschiedlichen Ecken der Welt. Auf dem Bild, das er kreierte, ist kein Individuum eindeutig zu erkennen. Das fertige Bild beschwört ein Déjà-vu-Gefühl herauf, und für die an dem Projekt beteiligten Menschen bleibt ein Gefühl von Vertrautheit.

Um einen ähnlichen Effekt zu erzielen, müssten die einzelnen Menschen unter denselben Bedingungen aus demselben Blickwinkel aufgenommen werden. Die Größe kann bei der Nachbearbeitung angepasst werden, damit die Aufnahmen gut übereinander passen, doch es ist sicher hilfreich, dies schon bei der Aufnahme zu berücksichtigen, indem Sie die Porträts aus derselben Entfernung aufnehmen.

GEGENÜBER.
Porträt

Verfremdete Formen

Bill Brandt ist bekannt für seine abstrakten Akte, unkonventionellen Porträts und eine dokumentarische Serie, die er während der Angriffe der deutschen Luftwaffe auf London im Zweiten Weltkrieg in unterirdischen Luftschutzbunkern aufgenommen hat. Seine Akte zeigen verdrehte und in seltsame Richtungen übereinandergelegte Körper, oft aus unmittelbarer Nähe aufgenommen und überhaupt schwer als Haut zu erkennen. Brandt machte seine Aufnahmen oft an einem öffentlichen Strand, wo die Formen aussehen wie Treibholz oder Steinhaufen auf Kies, oder in einer leeren Wohnung, wo er unkonventionelle Einstellungen für perspektivische Tiefe und ungewöhnliche Blicke nutzte.

Die Beine des Models liegen so seltsam verdreht auf dem Kies, im Hintergrund das Meer, dass die menschliche Gestalt an eine Skulptur erinnert, und wir betrachten sie als solche und bewundern sie als etwas, was wir so noch nie gesehen haben. Dieses Verfahren, das Vertraute zu verfremden, machte Brandts Werk so kunstvoll wie zeitlos.

GEGENÜBER:
Akt, Baie des Anges, Frankreich

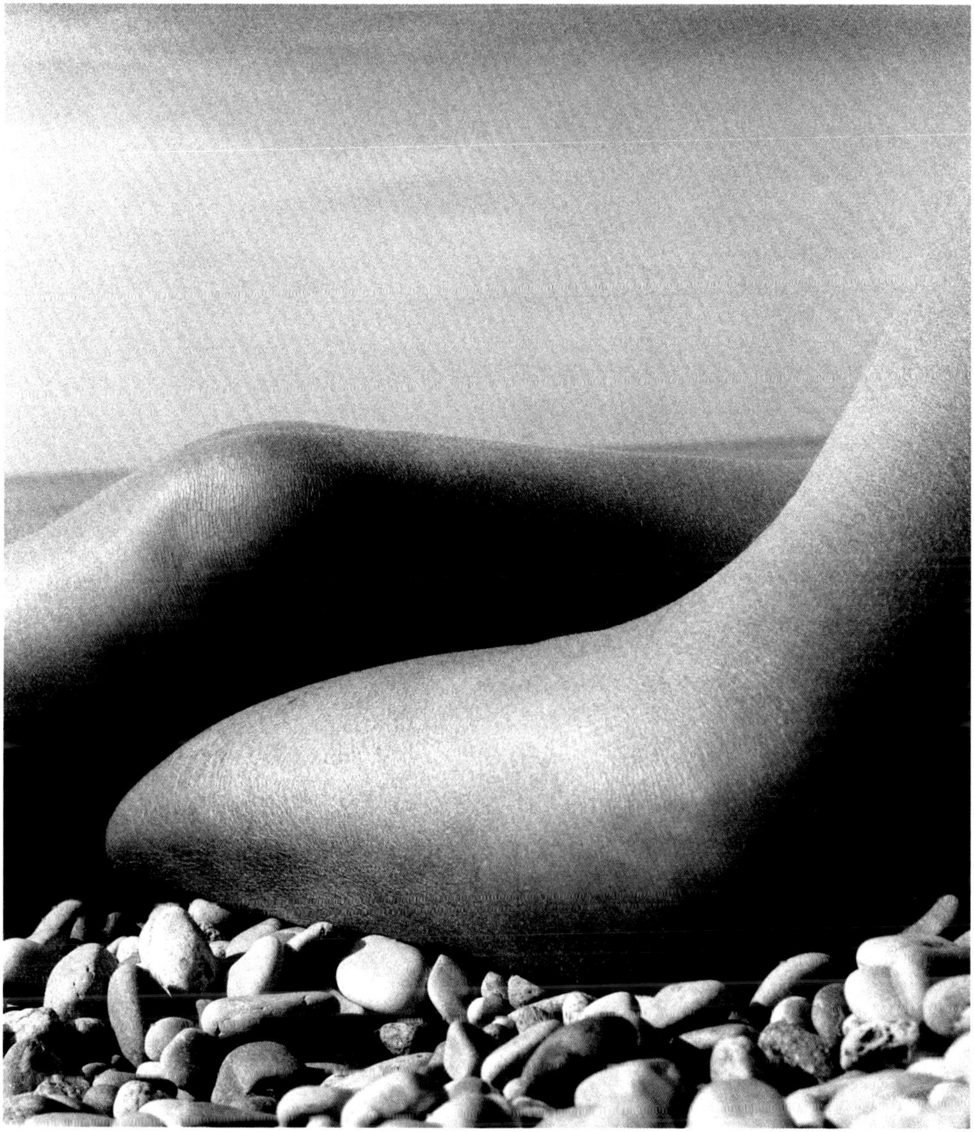

Persona

Indem er die Kunst mit dem Leben verschmilzt, schafft Richard Sawdon Smith überzeugende Personae, die er zum Thema seiner Selbstporträts macht. Sawdon Smith beschreibt seine Vorgehensweise als »themenbezogen«: Er lebt seit über 20 Jahren mit HIV, und seine Erfahrungen mit dieser Krankheit stehen ausdrücklich im Zentrum vieler seiner Arbeiten.

Für *The Anatomical Man* – das Alter Ego, das Gegenstand dieser Fotografie ist – ließ er sich die »Obduktionsnarbe«, die man hier sieht, auf den Rücken tätowieren. Die Vorderseite seines Körpers ziert eine Abbildung des Herz-Kreislauf-Systems aus einem Anatomiebuch des 19. Jahrhunderts. Der Schädel, der in dieser und anderen Aufnahmen der Serie vorkommt, ist ein noch ausdrücklicherer Verweis auf die Sterblichkeit.

Sawdon Smith zeigt mit diesem wichtigen Beispiel, wie viel Macht die Persona hat, um den Blick auf gesellschaftliche Themen zu lenken und vorgefasste Meinungen zu hinterfragen. Doch so extrem wie bei Sawdon Smith muss eine Persona nicht sein, um Wirkung zu erzielen; sie kann auch mittels Kostümierung oder Make-up, durch einen Auftritt oder schlicht mit einem Gesichtsausdruck dargestellt werden.

GEGENÜBER:
Begins (Beginnt) aus der Serie *Death of Youth (Tod der Jugend)*

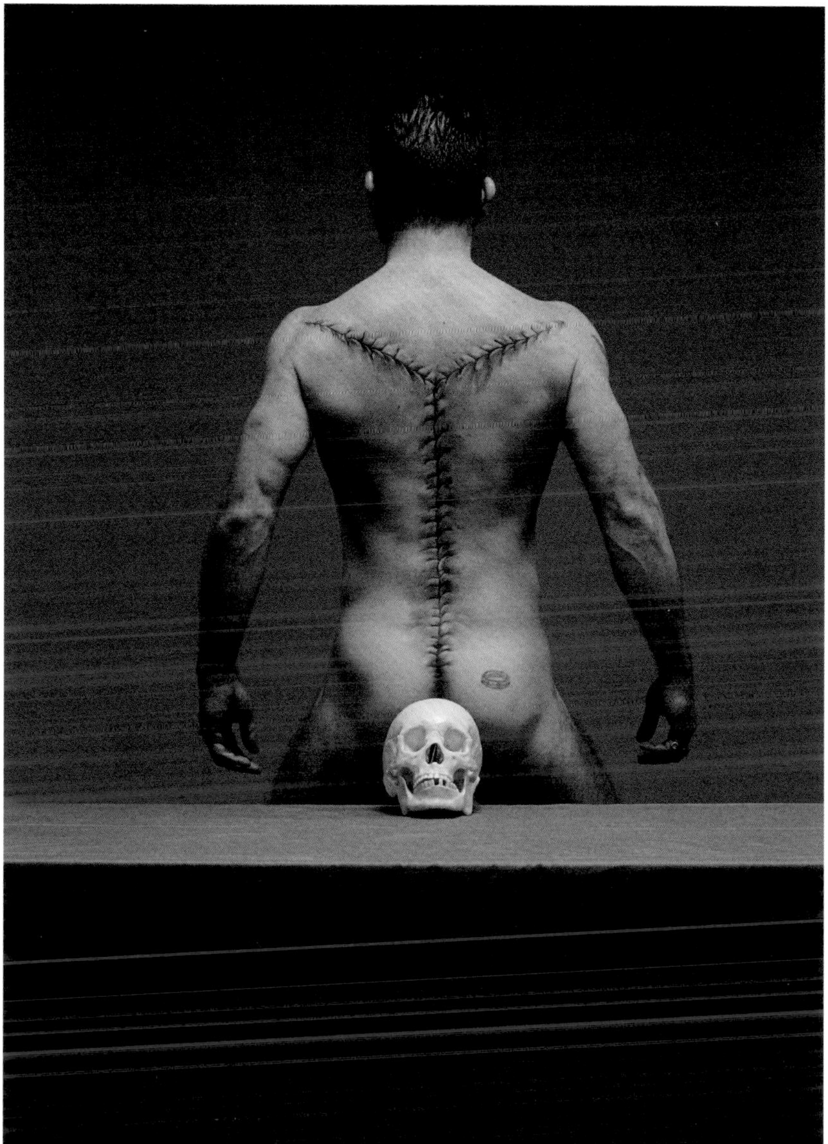

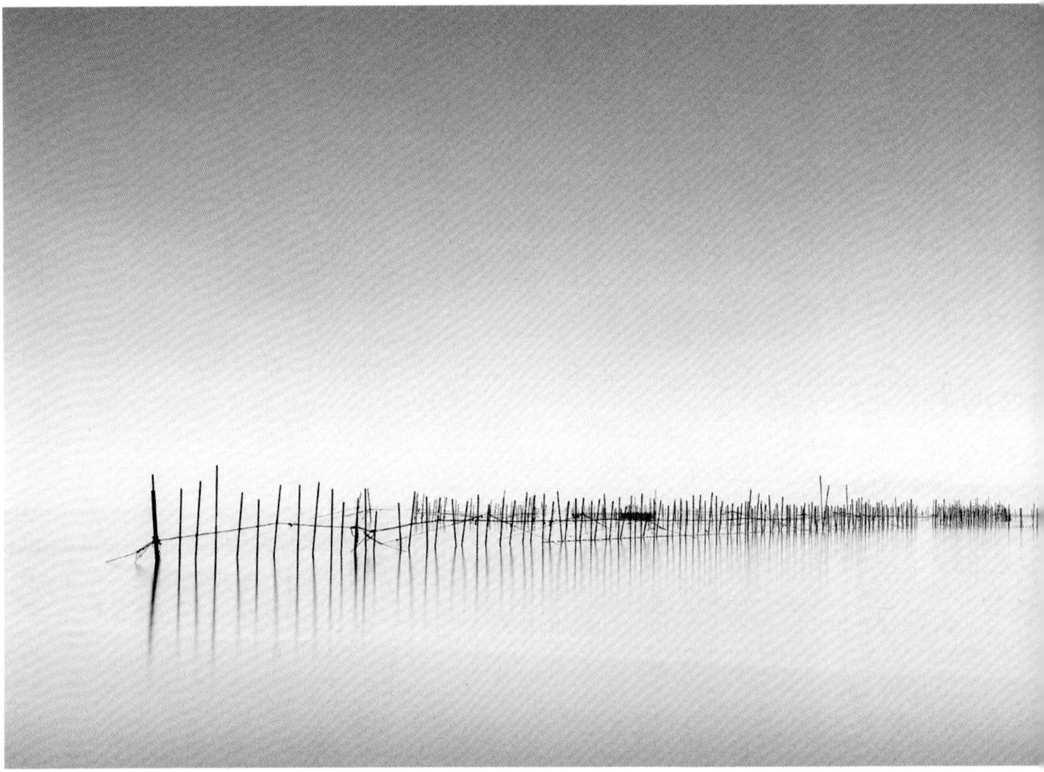

OBEN:
Fishing Nets, Lake Biwa, Japan (Fischernetze, Biwa-See, Japan)

Minimalismus

Matt Velarde verwischt in seinen wunderschönen minimalistischen Landschaften die Grenzen zwischen Abstraktion und Grafik. Auf der Suche nach sauberen, unverstellten Ausblicken reist er durch die ganze Welt. Monochrome Abzüge in warmen Tönen und die Verwendung des Neutraldichtefilters sind charakteristisch für Velardes Stil. Mit dem Filter reduziert er die Lichtmenge, die auf den Sensor trifft, und kann extrem lange belichten; alle Bewegungen werden unscharf, wie man an der milchig-glatten Oberfläche von Wasser und Himmel sieht.

Berücksichtigen Sie bei Ihren eigenen Experimenten, dass nicht immer etwas passieren muss. Ein Blatt, das auf einer Pfütze schwimmt, oder ein Hund, der im Garten liegt, in einer ausgewogenen Komposition aufgenommen, kann eine schlichte Schönheit besitzen, wie sie Velarde hier gelungen ist.

Diptychon

Alicja Brodowiczs Schwerpunkt liegt in der subjektiven Dokumentarfotografie und der künstlerischen Fotografie. In *Visual Exercises, A Series of Diptychs*, paart sie Nahaufnahmen und knapp beschnittene Aufnahmen des menschlichen Körpers mit Elementen aus der Natur.

Die Diptychen repräsentieren Brodowiczs Philosophie. Sie sagt: »Die Entfremdung von der Natur hat zum Missbrauch der Umwelt und des Körpers geführt. Nur dadurch, dass wir uns wieder mit der Natur verbinden, können wir die Selbstliebe neu entdecken und den unvollkommenen Körper wieder perfekt machen.« Die beiden Bilder sehen sich ähnlich – doch ihre Beziehung ist um einiges komplexer: Es geht auch um die Art und Weise, wie der Betrachter sich ihnen nähert. Zum einen erinnern sie uns daran, dass der Körper ein Teil der Natur ist, und von der Natur verlangen wir keine Perfektion; ihre Unvollkommenheiten sind perfekt.

Diptychen funktionieren am besten, wenn es zwischen den beiden Bildern Analogien oder Kontraste gibt; das schafft eine Dynamik, durch die sie mehr Bedeutungen gewinnen. Alternativ kann auch das Format die Funktion übernehmen, uns eine Geschichte zu erzählen, in der die beiden Bilder zusammen ein erzählerisches Ganzes bilden.

GEGENÜBER:
Aus der Serie *Visual Exercises, A Series of Diptychs (Visuelle Übungen, eine Serie von Diptychen)*

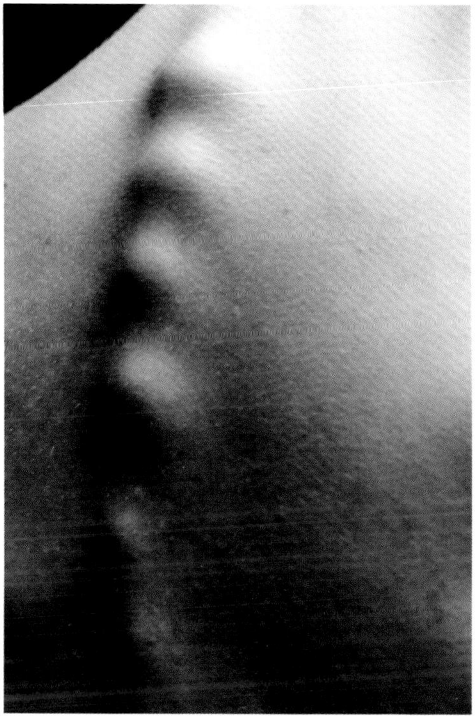

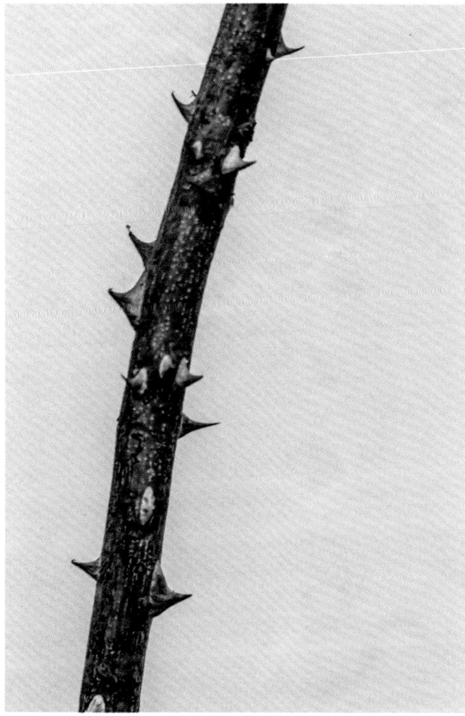

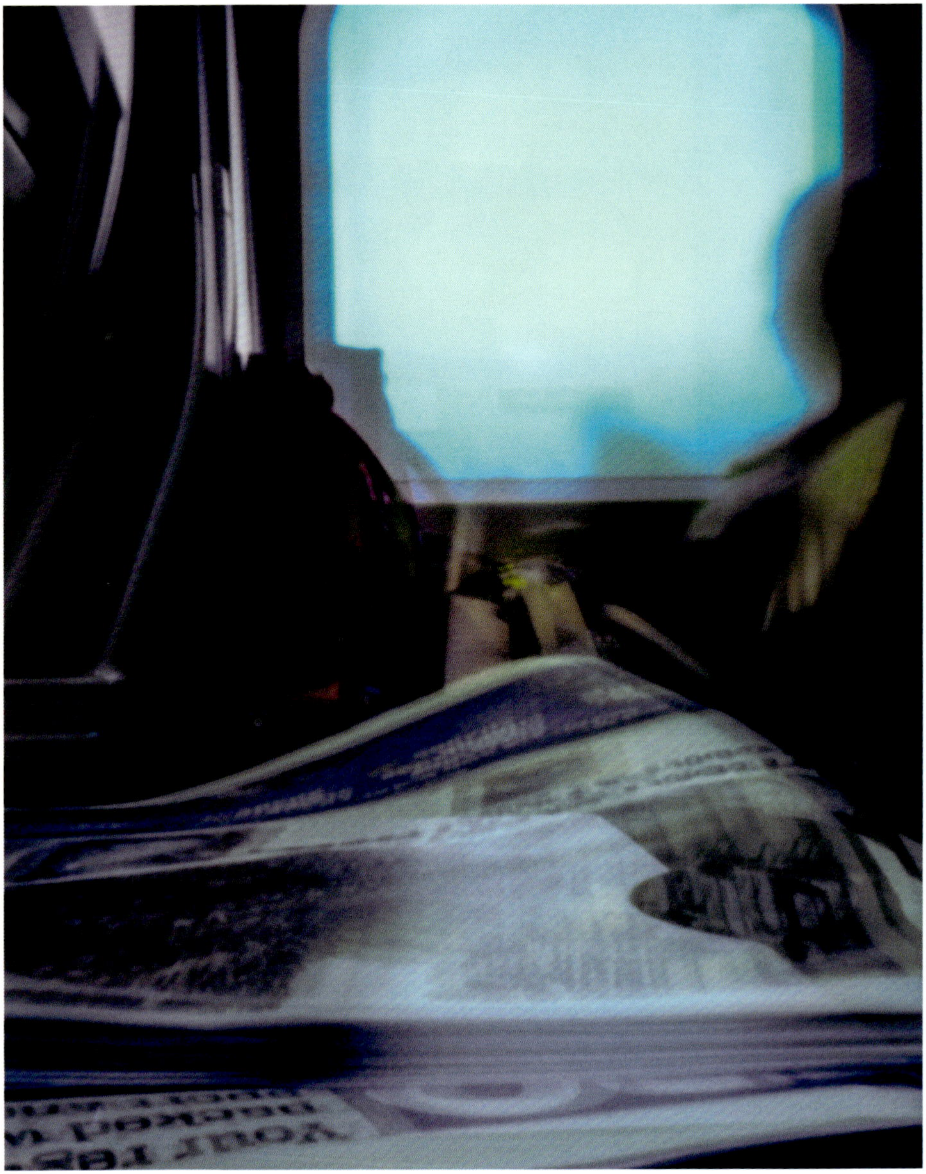

Lochkamera

Sam Vales Serie *Adrift* möchte die besondere Verfassung festhalten, die Menschen auf Reisen überkommt: Das Gefühl von Tagträumerei und Entrinnen, das entstehen kann, wenn man sich zwischen zwei Orten befindet.

Vale wollte eine Möglichkeit finden, die Zeithaftigkeit einer Reise zu visualisieren, deren Erleben eine sinnliche und emotionale Erfahrung ist. Dafür benutzte er eine Lochkamera mit einer unglaublich langen Belichtungszeit, sodass er die ganze Dauer der Reise vom Bahnhof St Pancras in London zum Gare du Nord in Paris aufzeichnen konnte. Dinge, die sich während der Reisezeit nicht vom Fleck bewegten, wie etwa der Passagier gegenüber und die Zeitung auf dem Tisch, konnten mit einiger Festigkeit festgehalten werden, doch flüchtigere Bildelemente, wie die Landschaft vor dem Fenster, wurden entweder gar nicht festgehalten oder sind bis zur Unkenntlichkeit verschwommen.

Lochkameras sind leicht zu bauen und zu verwenden, doch die Ergebnisse lassen sich selten vorhersagen. Wenn Sie es Vale nachtun möchten, würde es sich lohnen, ein paar Experimente zu machen, um die optimale Belichtung zu ermitteln, bevor Sie sich richtig reinknien.

GEGENÜBER:
London to Paris aus der Serie
Adrift (Treibend)

Unvollkommenheiten begrüßen

Thomas Hauser baut bewusst Unvollkommenheiten in seine ungewöhnlichen Porträts ein – durch wiederholtes Fotokopieren, Scannen und Ausdrucken, Beschneiden und wahlloses Kombinieren seiner Aufnahmen mit anderen Bildern. Es geht dem französischen Fotografen darum, wie wir uns auf Erinnerungen einlassen: Wir rekonstruieren und dekonstruieren Ereignisse, und dann vermischen sie sich mit kollektiven Erinnerungen, bis eine Erinnerung vielleicht sogar kaum noch etwas mit dem ursprünglichen Ereignis zu tun hat und nicht mehr nur unsere eigene ist.

Als Fotografen werden wir normalerweise darauf getrimmt, Unvollkommenheiten zu vermeiden: Wir sollen uns davor hüten, die ISO-Empfindlichkeit zu hoch einzustellen, und Bildrauschen unbedingt vermeiden, Achtung auch vor Staub, Kratzern, Lichtlecks und Streulicht ... Hauser zeigt, dass die Summe dieser Unvollkommenheiten, wenn sie wirklich begrüßt und dann noch an die Grenzen getrieben werden – und ein wenig darüber hinaus – zu so ungewöhnlichen und atmosphärischen Bildern führen kann, dass Sie der Perfektion womöglich für immer den Rücken kehren.

GEGENÜBER:
Hugo (The Wake of the Dust)
(Hugo (Die Spur des Staubs))

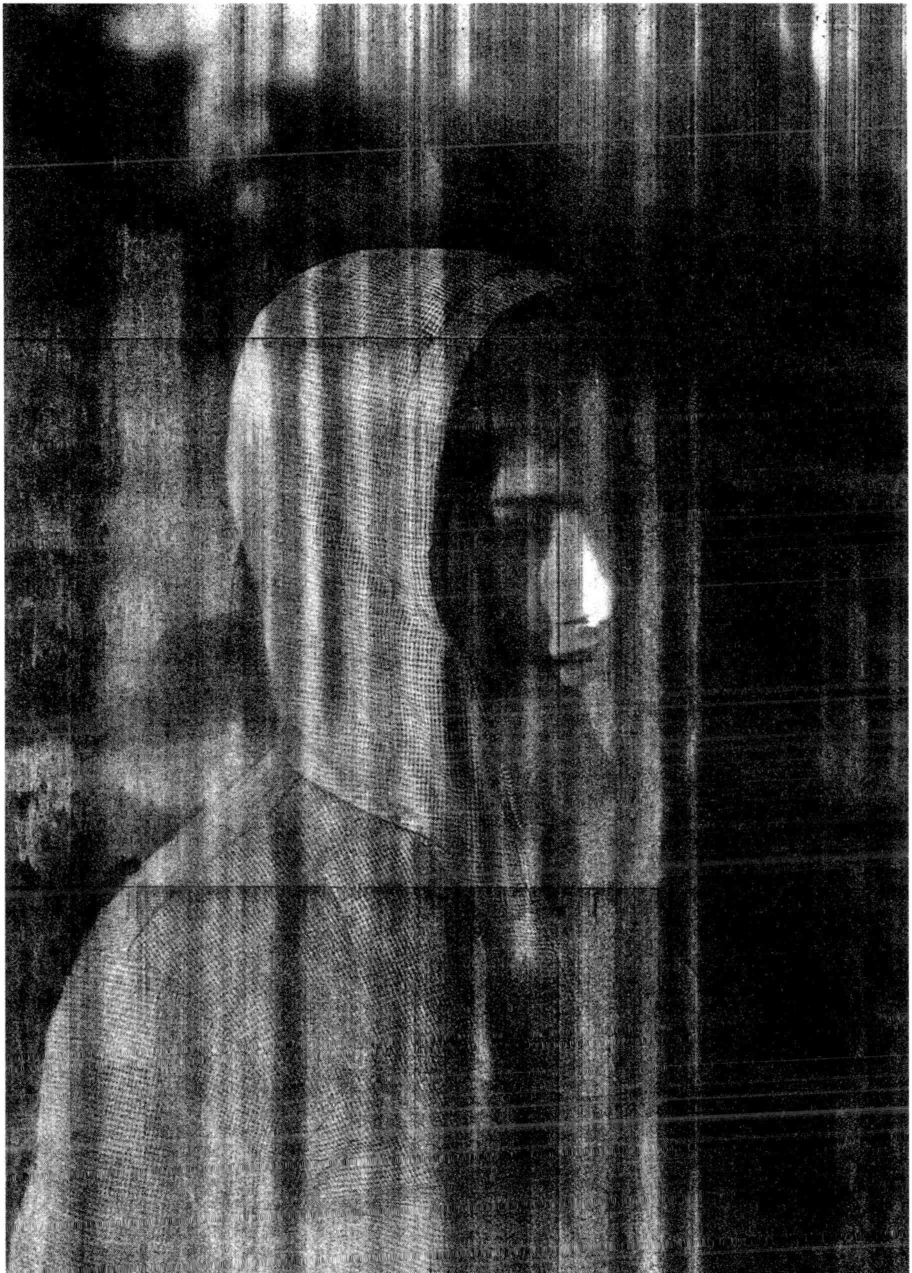

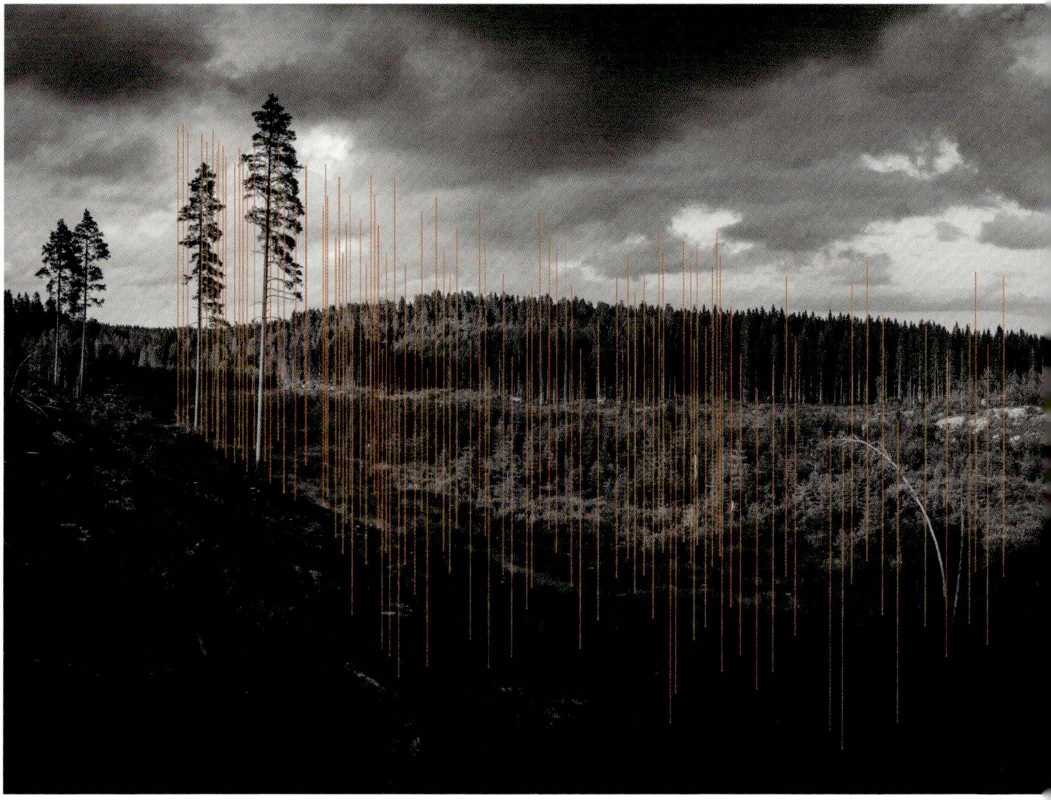

OBEN:
100 Planted Saviours of the Heritage
(100 gepflanzte Retter des Erbes)
aus der Serie *100 Hectares of Understanding*
(100 Hektar des Einvernehmens)

Überhöhte Landschaften

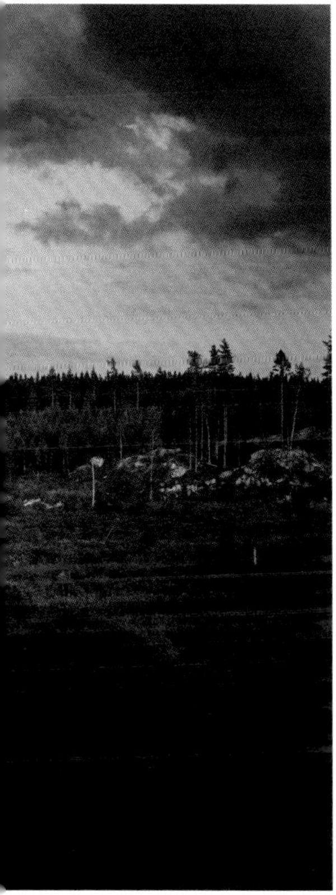

Die Serie *100 Hectares of Understanding* des finnischen Fotografen Jaakko Kahilaniemi dokumentiert seine Beziehung zu einem Waldgebiet, das er mit acht Jahren erbte. Indem er gewöhnliche schwarzweiße Landschaftsaufnahmen mit schlichten Grafiken, wie den Linien auf dem hier gezeigten Bild, mischt, lotet der Künstler seine persönlichen Gefühle zu der Erbschaft einer so großen Waldfläche (der er zunächst gleichgültig gegenüberstand) sowie die Beziehung zwischen Mensch und Natur im Allgemeinen aus.

Kahilaniemis Ansatz erinnert an die Land-Art-Bewegung der 1960er und 1970er Jahre, bei der Künstler eine Landschaft durch Eingriffe in Kunst verwandelten. Oft war diese Verwandlung nur vorübergehend und flüchtig; *A Line Made by Walking* des britischen Künstlers Richard Long aus dem Jahr 1967 ist zum Beispiel eine Aufnahme eines Pfads, den Long ins Gras getreten hat.

Überlegen Sie, wie Sie eine Landschaft überhöhen können, indem Sie Elemente hinzufügen, entweder durch direkten Eingriff oder bei der Bildnachbearbeitung. Sie können zum Beispiel mit der Hand gezeichnete Grafiken verwenden, um eine Atmosphäre oder ein mit dem Ort verbundenes Gefühl zu vermitteln, oder Sie beschaffen historische Artefakte und bringen diese in eine aktuelle Szene ein, um Vergangenheit und Gegenwart zu verknüpfen.

Teile und führe

Durch eine strenge Trennung von Raum, Form und Farbe gelingt Poh Kim Yeoh hier eine eindrucksvolle Komposition. Das Unbelebte ist getrennt vom Lebendigen, Junge von Mädchen, Monochromes von kräftigen Farben, Primärfarben von Pastell und Steinhäufchen voneinander. Doch die kleinen Steinhaufen bilden eine Verbindung zwischen allen Teilbereichen des Bilds; sie lassen den Blick des Betrachters immer wieder über das Bild wandern.

Poh Kim Yeohs Arbeit zeichnet sich durch einen eleganten, akkuraten Gebrauch des Raums aus. Eine Gartenmauer, die eine belebte Szene diagonal durchschneidet, ein zwischen Sand und Meer ausgestrecktes Model, eine Straße, die sich dem Horizont entgegenschlängelt – das sind Unterteilungsmöglichkeiten, die Sie nutzen können, um den Blick des Betrachters immer wieder über das Bild zu lenken und sein Interesse zu fesseln.

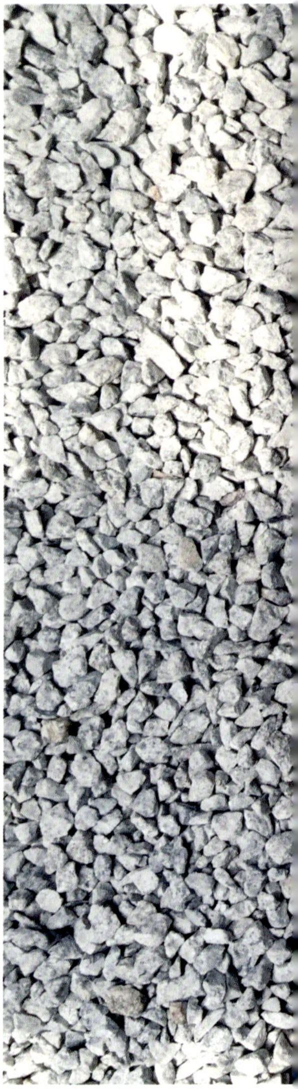

GEGENÜBER:
Children Playing with Gravel (Kinder spielen mit Kies)

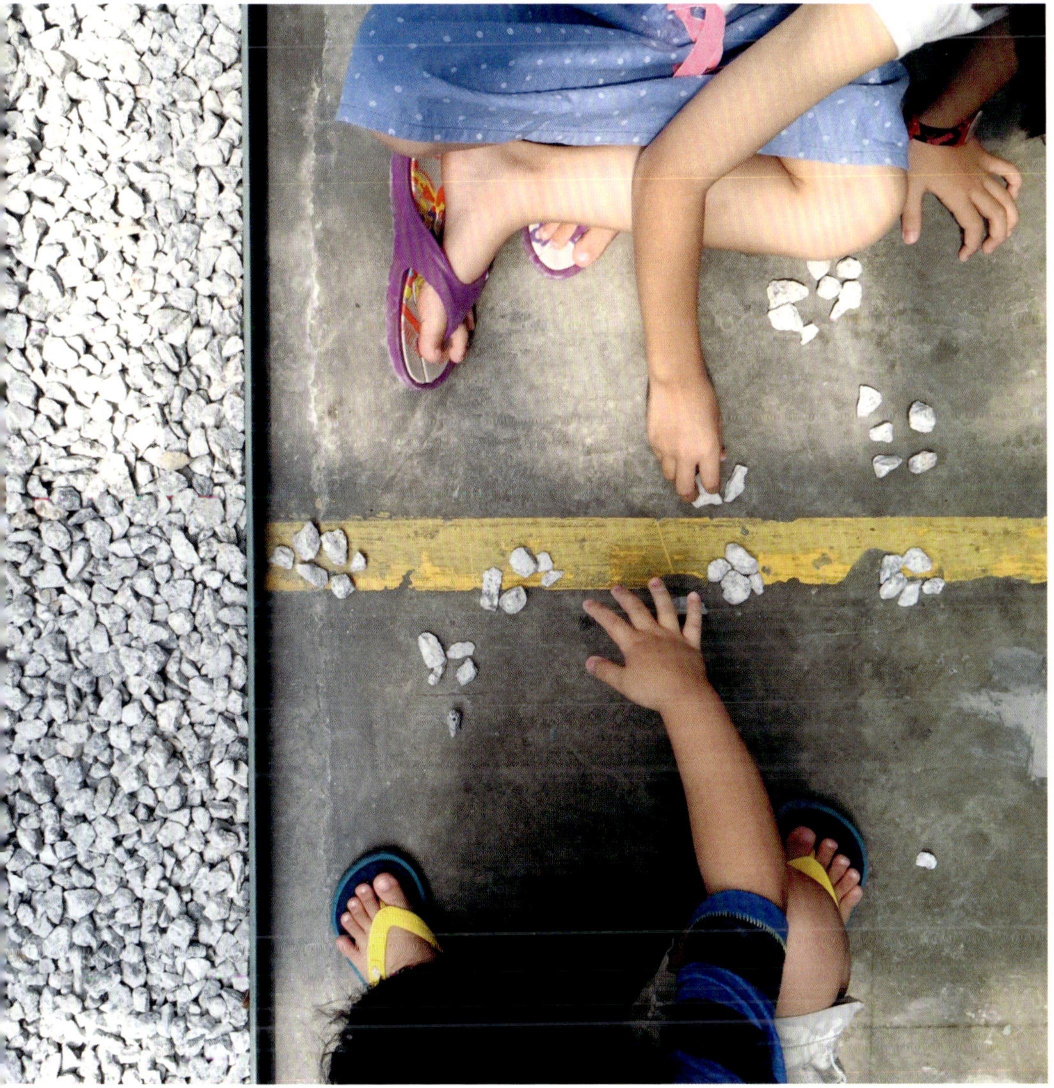

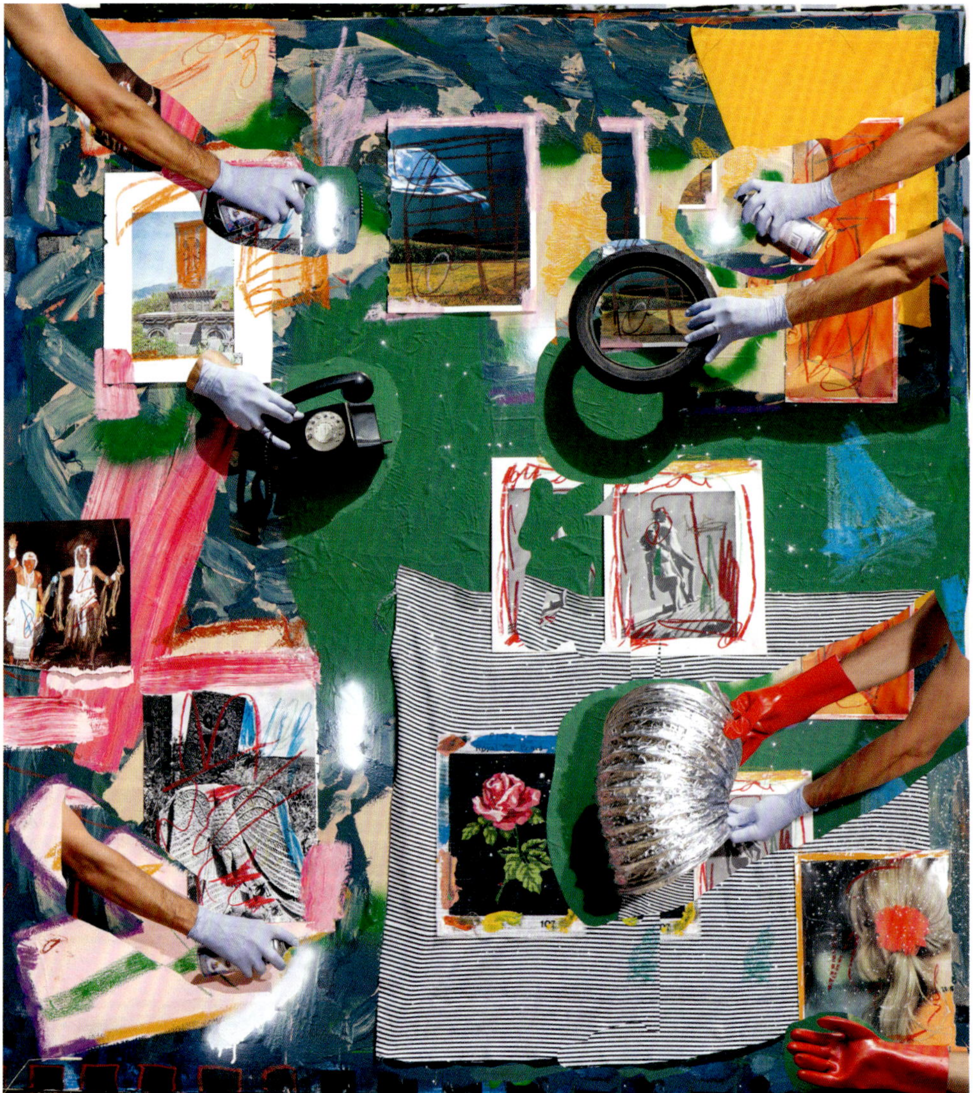

Mixed-Media-Performance

Nico Krijno ist ein zeitgenössischer Künstler, der die Fotografie mittels Skulptur, Gemälde, Collage und Performance erforscht. Er arbeitet mit weggeworfenen Materialien und interpretiert und reorganisiert sie auf nicht lineare Art, fotografiert sich selbst, wie er damit arbeitet und das Kunstwerk kreiert. Bei der Nachproduktion bearbeitet er das Bild mit absichtlich unbeholfener Hand weiter, was zu einer verflachten, vielfarbigen, geschichteten Abstraktion führt, die ein chaotisches Traumbild ihres eigenen Entstehungsprozesses zu sein scheint. Dies ist eine spielerische und äußerst kreative Erkundung dessen, was »ein Foto« eigentlich ist. Krijno beschreibt seinen Prozess als private Performance mit der Kamera als Publikum.

Wenn Ihnen Ihre Arbeit fad vorkommt, folgen Sie Krijnos Beispiel und machen Sie das Kreieren von Kunst zum Performance-Foto-Projekt. Haben Sie Spaß bei den verschiedenen künstlerischen Techniken, und vergessen Sie nicht, alle Phasen des Schaffensprozesses zu fotografieren. Schließen Sie das Projekt ab, indem Sie alles zu einem fotografischen Werk zusammenfügen.

GEGENÜBER:
Composition with Reference Material
(Komposition mit Referenzmaterial)

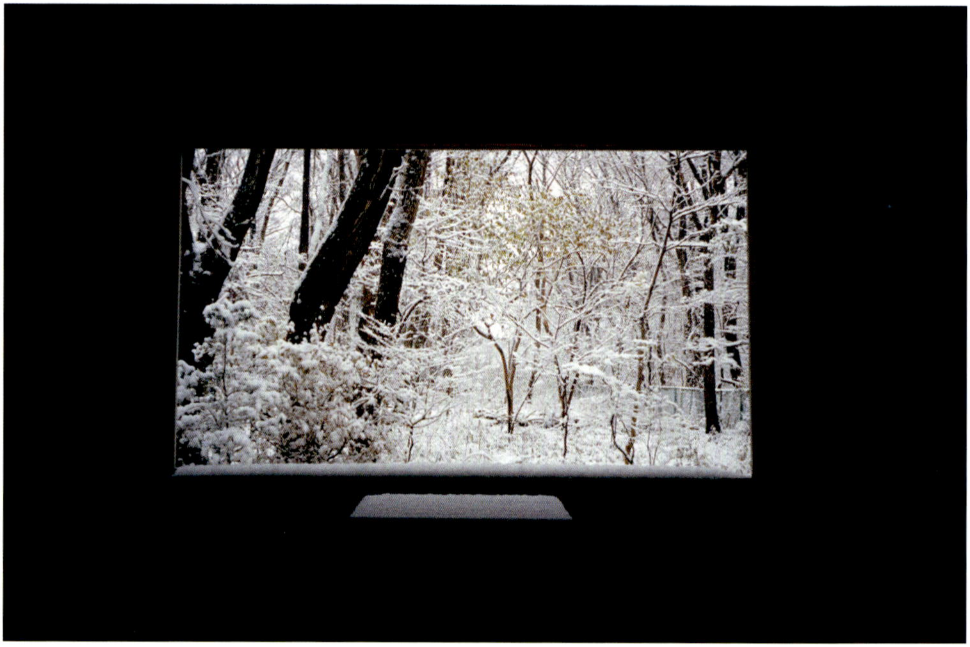

Durchs Fenster

Ein Foto mit einem Rahmen in Form eines Fensters oder einer Tür kann eine ganz andere Wirkung haben als dieselbe Szene, formatfüllend aufgenommen. Der Rahmen kann auf Entfernung oder Absonderung verweisen oder sogar ein Gefühl des Phantastischen oder Irrealen hervorrufen. Das hier gezeigte Bild aus der Serie *Fantasy Point* von Milo Alexander-Travers ist dafür ein gutes Beispiel.

Das Bild wurde in Nasu, Tochigi, aufgenommen, 100 Kilometer von Fukushima Daiichi, Japan, entfernt. Bei dem Atomunfall 2011 waren viele Menschen gezwungen, die Gegend zu verlassen, sodass dort jetzt tatsächlich ein Gefühl der Abwesenheit von Familie und Gemeinschaft herrscht. Doch die Menschen, die geblieben sind, und die, die neu hinzugekommen sind, bauen langsam auf dem auf, was zurückgelassen wurde. Durchs Fenster blicken wir auf eine verlockende japanische Waldszene, doch sie nimmt nur einen winzigen Teil des Formats ein und ist von Dunkelheit umgeben.

GEGENÜBER:
Aus der Serie
Fantasy Point (Fantasicort)

Glitch

Ernielson Limbo hinterfragt in seiner Serie *Becoming* soziale Konstrukte und setzt sich mit dem Konzept binärer Geschlechtsidentitäten in der westlichen Welt auseinander. Dafür bettet er Worte, die seine Porträtierten gesagt haben, mittels digitaler Codes in die Porträts ein, was zu diesen Verzerrungen führt.

Die einfachste Möglichkeit, bei digitalen Fotos solche Glitch-Effekte zu erzielen, ist, die Dateiendung des Bilds in eine Textdateiendung zu ändern, zum Beispiel ».txt«. Wenn Sie die Bilder als Textdatei öffnen (einfache Texteditoren funktionieren besser als hochentwickelte Textverarbeitungsprogramme), sehen Sie sie als Codezeilen. Indem Sie neue Zeilen einfügen und existierende Codes löschen, können Sie Ihr Bild auf vielerlei interessante Art und Weise verzerren. Die Ergebnisse dieser Methode sind ziemlich unberechenbar. Falls Sie keine Lust auf »Versuch und Irrtum« haben: Es gibt zu diesem Zweck auch eigens entwickelte »Glitch«-Apps sowie Anleitungen im Netz.

GEGENÜBER:
Mia aus der Serie Becoming (Werden)

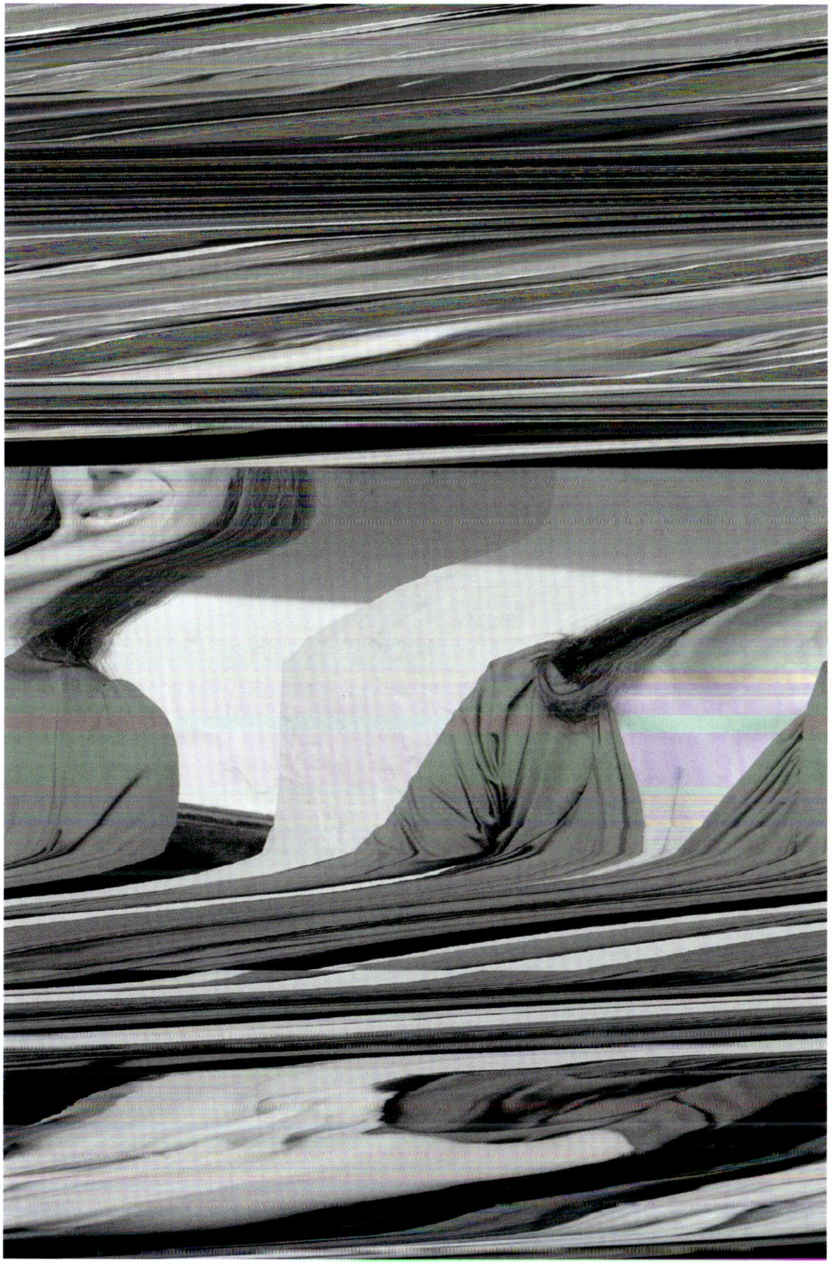

Unterwasserporträts

Unterwassergehäuse für Kameras richten sich an ein bestimmtes Publikum – natürlich sind sie sehr beliebt bei Tauchern, Schnorchlern und Menschen, die sich für Meeresflora und -fauna begeistern –, und das Dokumentieren von etwas, was der Mensch sonst mit bloßem Augen nicht unbedingt zu sehen bekommt, weckt große Neugier. Doch vergessen wir nicht, dass wir aus unserer Welt mehr als nur die Kamera mit ins Wasser nehmen und – wenn wir das tun – erstaunlich kunstvolle Fotos machen können.

Der bulgarische Fotograf und Grafikdesigner Velizar Ivanov präsentiert in seinen Unterwasserporträts eine surreale Unterwelt. Er nutzt die unter Wasser herrschenden besonderen Bedingungen, um gespenstische, fesselnde und traumähnliche Bilder zu erschaffen.

Porträts und Stillleben wurden bislang in der Unterwasserfotografie relativ selten zum Thema gemacht. Wegen der lebhaften Bewegung des Wassers wabern und bauschen sich Haare und Stoffe; während das Model, das im Wasser schwebt, die verrücktesten Körperhaltungen einnehmen kann, die an Land nicht möglich wären. Sie werden Luftblasen sehen, Farbstiche und seltsame Lichteffekte – und mit allem können Sie spielen. Seien Sie auch in der Nachbearbeitung erfinderisch, versuchen Sie es mit einer Schwarzweißkonvertierung, Farbverschiebung oder machen Sie eine Fotomontage.

GEGENÜBER:
Flow (Fließen)

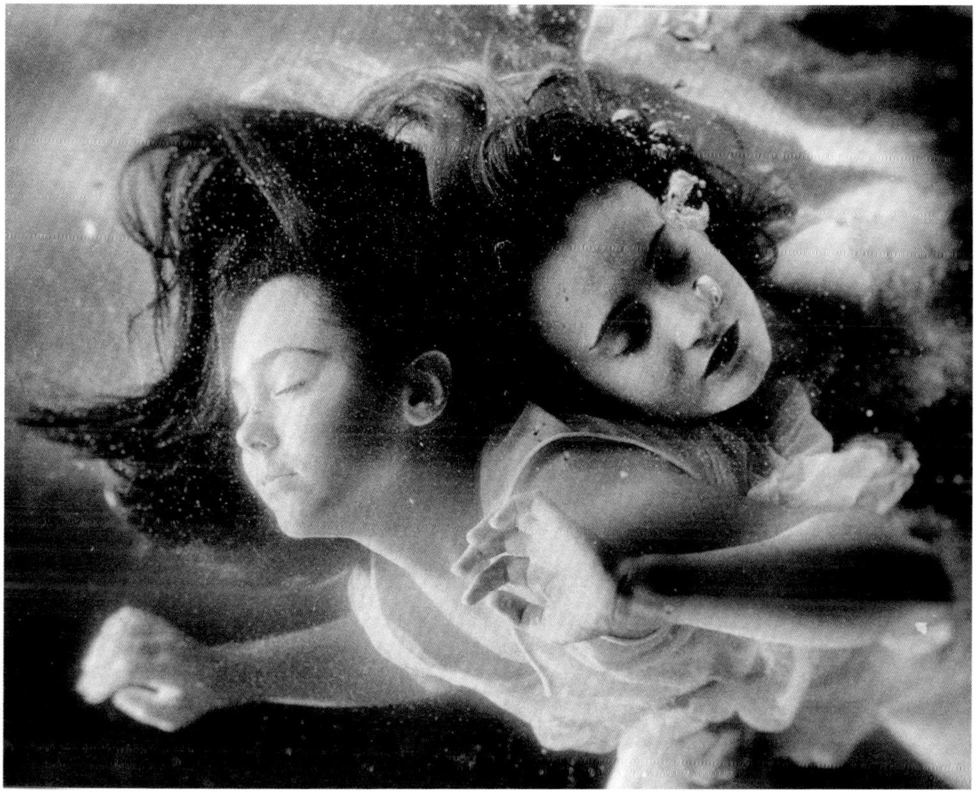

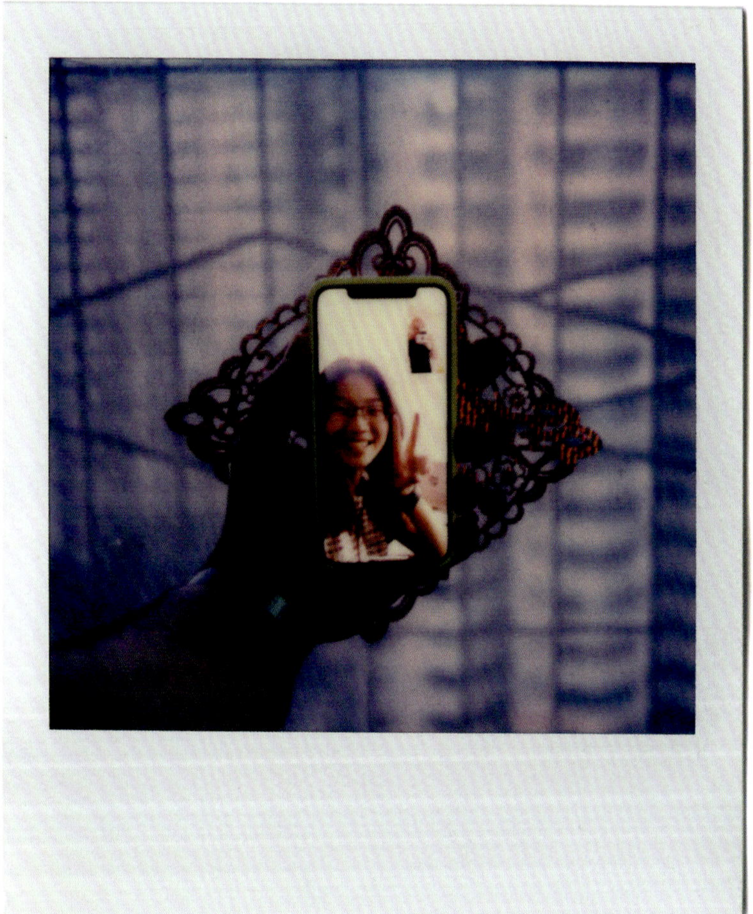

Tagebuch

Als der Fotograf Gueorgui Tcherednitchenko im Sommer 2018 einige Zeit in China war, blieb seine Partnerin in London. Da sie nicht am selben Ort sein konnten, verabredete sich das Paar regelmäßig zum Video-Chat, bei dem sie sich vom Alltag und den täglichen Entdeckungen auf Reisen erzählten. Tcherednitchenko dokumentierte diese als Serie von Video-Chat-Porträts, denen er urbane Details aus Hongkong und China zur Seite stellte. Das letzte Bild zeigt Tcherednitchenkos Partnerin höchstpersönlich am Flughafen Peking bei ihrer Ankunft aus London. Kurz darauf machte er ihr einen Antrag, und inzwischen haben sie geheiratet.

Ein kontinuierliches Fotoprojekt mit strengen Rahmenbedingungen ist eine ausgezeichnete Möglichkeit, einen Zeitraum zu markieren und Veränderungen tagebuchartig zu dokumentieren. Andere Fotografen haben über Jahre ihre sich verändernden Gesichter festgehalten oder schlicht jeden Tag ein Foto gemacht. Im Kern geht es bei Tcherednitchenkos Projekt um Teilhaben, ein wenig wie das Versenden einer Postkarte. Die Polaroids des Projekts *Long Distance Us* bekräftigten die Verbindung des Paars und schufen greifbare Erinnerungen an diese getrennt – und doch zusammen – verbrachte Zeit.

GEGENÜBER:
Aus der Serie *Long Distance Us*
(Wir auf lange Distanz)

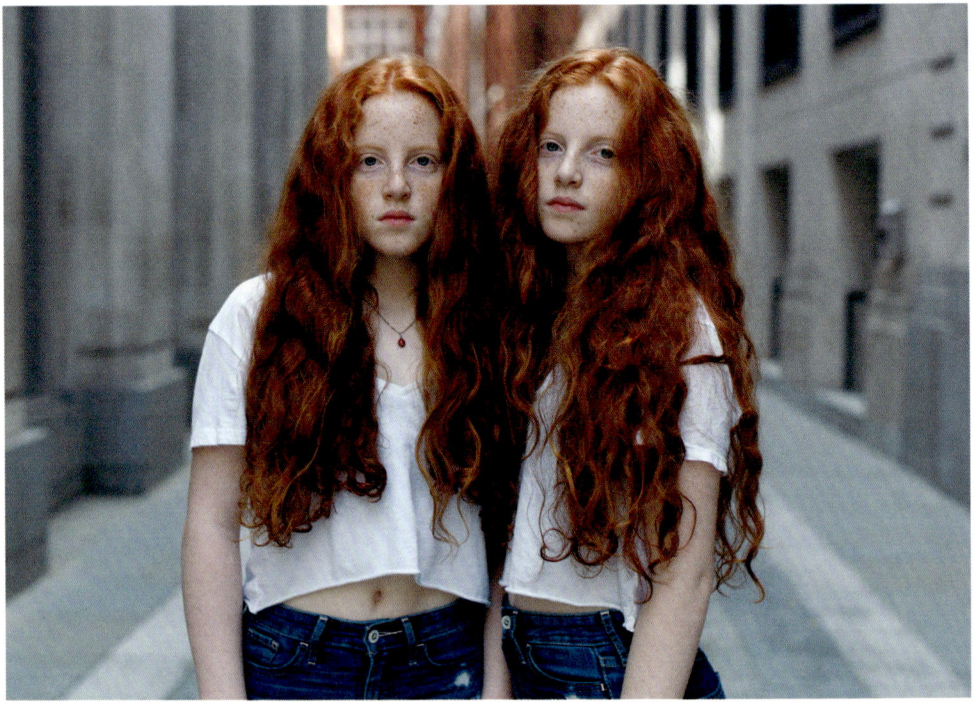

Ein und dasselbe

Keine zwei Menschen sing identisch, wie Peter Zelewskis Projekt *Alike But Not Alike* zeigt. Die Serie besteht aus Porträts eineiiger Zwillinge aller Altersstufen, Ethnien und Geschlechter, aufgenommen vor einem neutralen Hintergrund, um Vorurteilen der Betrachter über den gesellschaftlichen Status oder das Leben der Porträtierten entgegenzusteuern. Als Erstes fällt einem natürlich die Ähnlichkeit der Porträtierten ins Auge, doch der Betrachter ist aufgefordert, so lange hinzuschauen, bis er die Unterschiede entdeckt.

OBEN:
Emily and Sophie aus der Serie *Alike But Not Alike (Gleich und doch nicht gleich)*

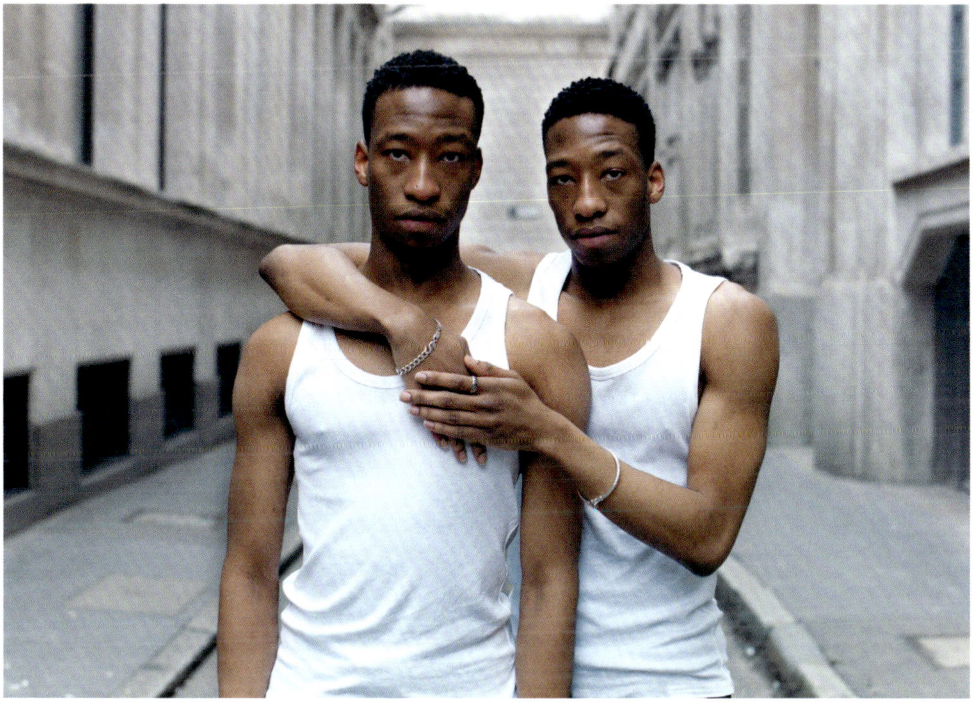

OBEN:
Devontay and Dijon aus der Serie *Alike But Not Alike (Gleich und doch nicht gleich)*

Will man Unterschiede hervorheben, ist es manchmal hilfreich, dasselbe zu zeigen. Zum Beispiel können Sie eine Aussage über persönlichen Stil treffen, indem Sie eine Reihe von Menschen fotografieren, die dasselbe Kleidungsstück tragen, dessen Look entsprechend der Statur und dem Modebewusstsein variieren wird. Es könnte auch ein neues Wohngebiet sein, wo alle Häuser zunächst gleich aussehen, bis die Besitzer einziehen und sie nach und nach mit ihrer Persönlichkeit füllen.

Little Planet

Mit einem teuren Fischaugenobjektiv oder einer App lässt sich jedes Foto in so einen winzigen Planeten verwandeln. Was Martijn Baudoins Aufnahmen so besonders macht, ist seine Themenwahl. Landschaften und Stadtansichten funktionieren am besten; doch Boudoin geht noch einen Schritt weiter, indem er bekannte Wahrzeichen aufnimmt. Das Kolosseum in Rom macht dieses Foto zum Eyecatcher, ohne das vertraute Element wäre es womöglich nur eine visuell verwirrende Erfahrung.

Baudoin ist ein weitgereister Fotograf; in seinem Portfolio finden sich Little-Planet-Aufnahmen berühmter Orte auf der ganzen Welt. Sie können diese witzige, frische Technik bei klischeehaften touristischen Motiven anwenden, die immer vom selben Aussichtspunkt oder Blickwinkel aufgenommen werden.

Apps für Little-Planet-Fotos gibt es in jeder Preisklasse, also lesen Sie Besprechungen und experimentieren Sie, um eine zu finden, die leicht anzuwenden ist, gute Bilder produziert und Ihnen erlaubt, die Aufnahmen in der Auflösung zu exportieren, die Sie für Ihre Zwecke brauchen.

GEGENÜBER:
Kolosseum, Rom, Italien

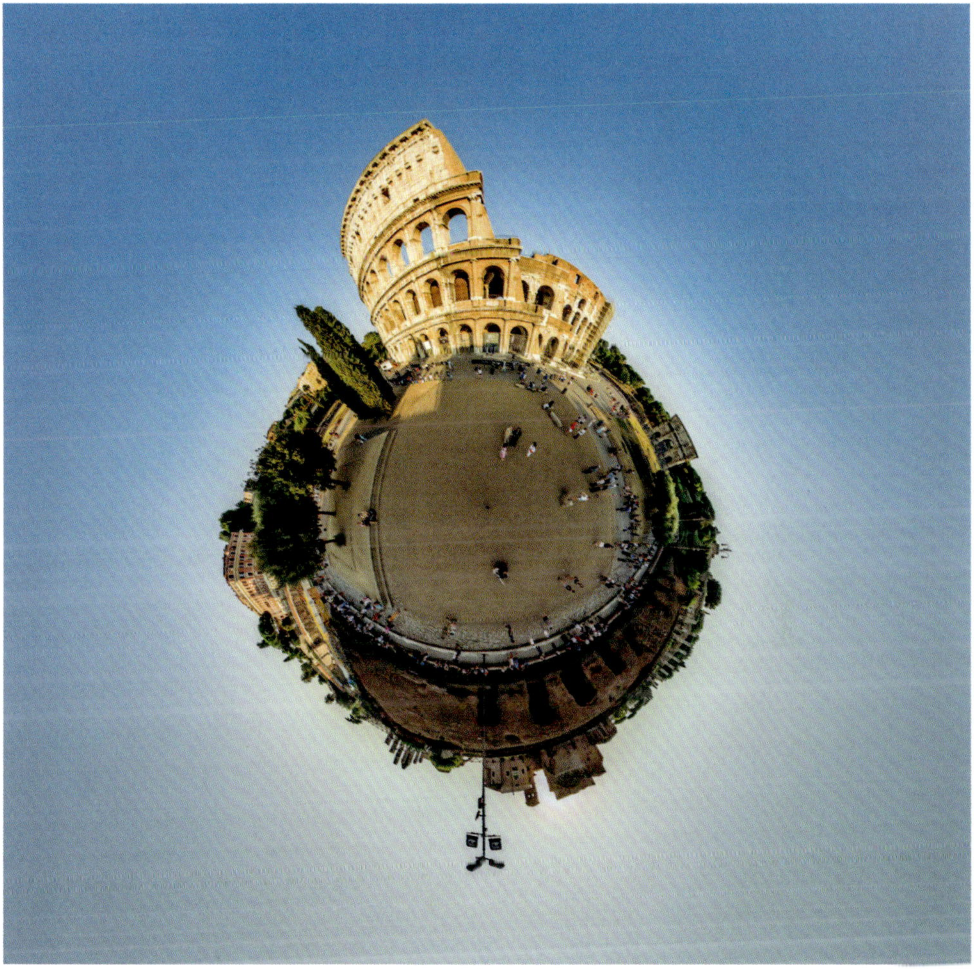

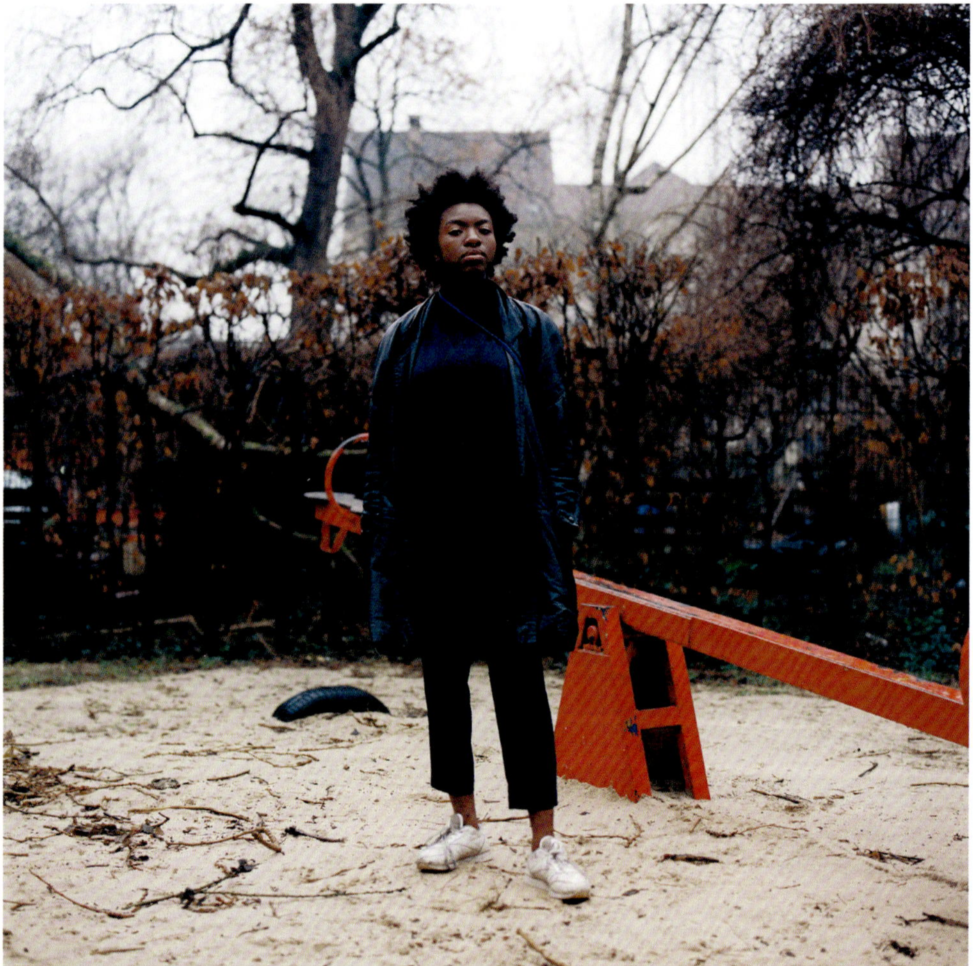

Freunde

In gewisser Hinsicht hat sich für den Fotografen Finnegan Travers seit seiner Teenagerzeit nichts geändert, denn schon damals haben seine Freunde und er Dutzende von Fotos von ihrem Alltag gemacht, um sie sich später wieder anzusehen. Doch es wird, wie er bemerkt, »schwerer, so banale Fotos zu machen wie früher«: Der eigene Stil und der Geschmack wandeln sich; man weiß mehr über die Kunst der Fotografie, was die eigene Arbeit steifer und weniger spontan machen kann, und die Porträtierten sind selbstbewusster, wodurch es ihnen nicht mehr so leicht fällt, sich natürlich zu verhalten.

Doch Travers' »visuelle Tagebücher« haben immer noch etwas von der Lebensfreude der Teenagerzeit. Seine Arbeit dreht sich um Menschen und Alltagsszenen, über die im Freundeskreis Insiderwitze gemacht werden. Für die Subjektivität seines Oeuvres schämt er sich nicht: Das ist seine Welt, auf die wir schauen, und wenn sie uns nicht gefällt, schert das den Fotografen nicht besonders. Doch es funktioniert, wie so oft, wenn zwischen Fotograf und Porträtiertem echte Vertrautheit und Interesse besteht.

GEGENÜBER:
Olamiju Fajemisin, Berlin
aus der Serie *Bobby Roman. Goodbye Berlin*

Stückwerk

David Millers durch und durch spielerischer, kreativer Stil mit Posen, Requisiten und Beleuchtung ist genauso groß wie sein Talent, sonderbare kubistische Collagen aus einzelnen Fotos zu erstellen. Seine Methode, eine Reihe von Polaroid-Aufnahmen zu machen und sie zu einem verzerrten Bild seines Models zusammenzusetzen, resultiert in fesselnden, kunstvollen Bildern, die nur ein klein wenig »daneben« sind. Die wunderschönen Models erscheinen zusammengewürfelt, als wären sie auseinandergenommen und nachlässig wieder zusammengebaut worden.

Fotocollagen sind, wie auch andere Arbeiten in diesem Buch zeigen, eine gute Möglichkeit, eine andere Perspektive auf vertraute Themen und Stile zu werfen. Als Themen bieten sich Landschaften und Porträts an, doch es kann auch eine interessante Technik für Hochzeitsfotos, Modefotos, Straßenaufnahmen, Stillleben und fast alle anderen Gebiete der Fotografie sein.

GEGENÜBER:
Annika

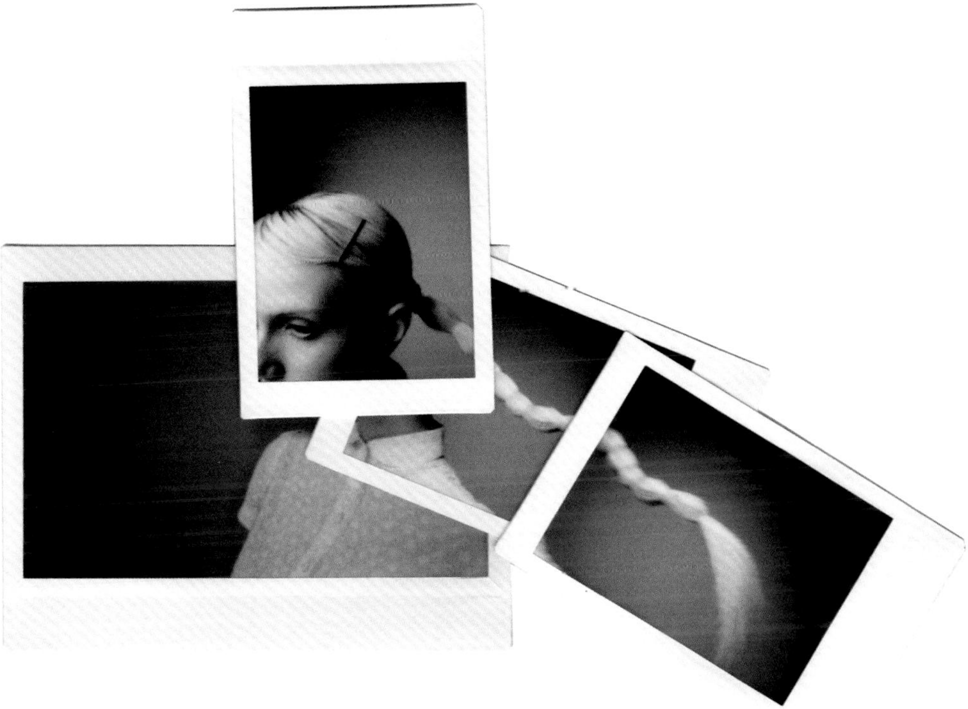

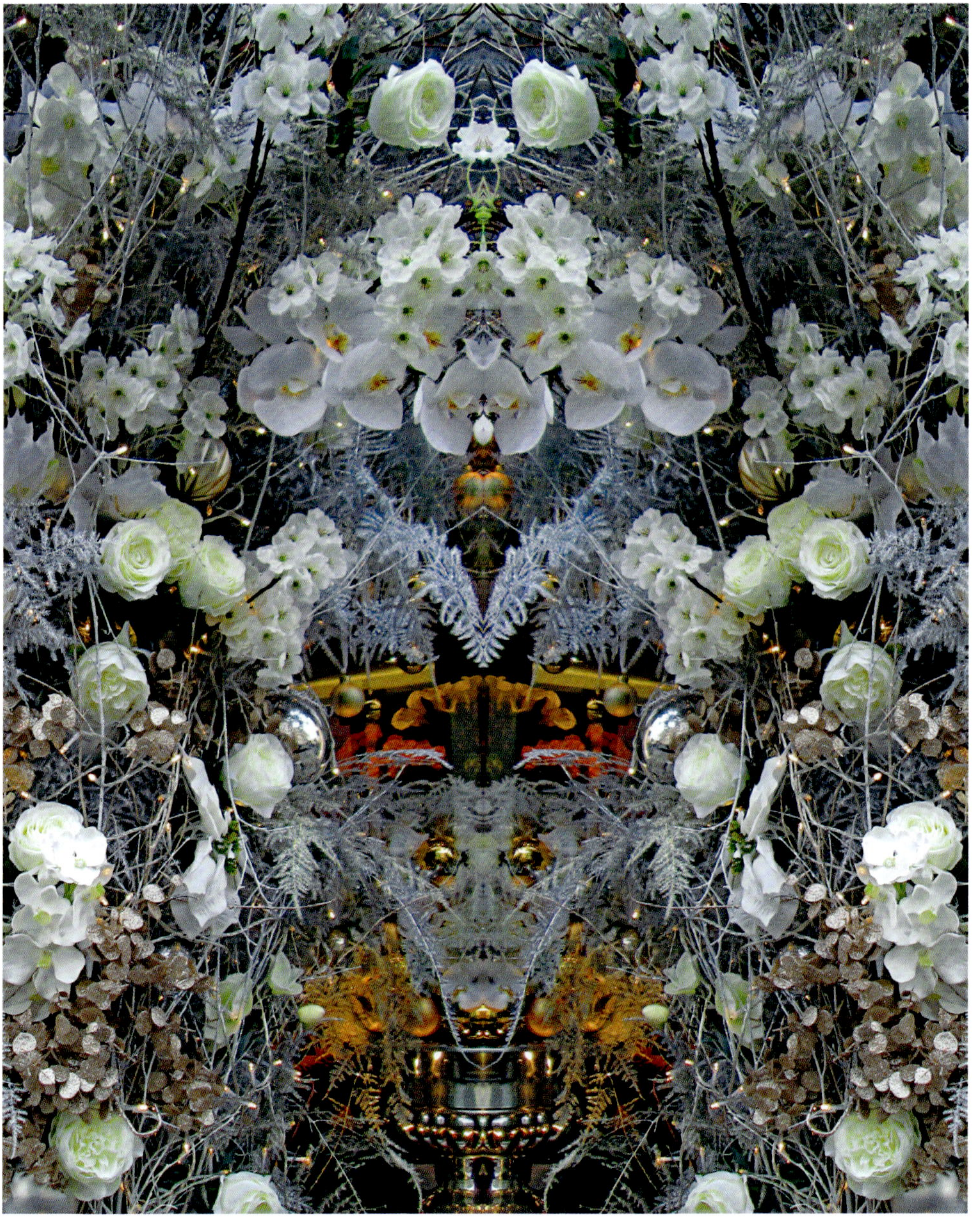

Symmetrie

Fotografen wissen, dass das Bemühen um Symmetrie ein guter kompositorischer Trick ist, doch die Arbeiten in Daniel Teafoes Projekt *Serenity Through Symmetry (Heiterkeit durch Symmetrie)* lassen sich wohl am besten mit »Symmetrie hoch zehn« beschreiben. Er lässt sich leiten von Begriffen wie Frieden, ästhetische Harmonie und Glück, und die Ergebnisse erinnern oft an Mandalas, über die das Auge sich mit großer Freude bewegt.

Mit Bildbearbeitungs-Software ist es sehr einfach, Teafoes Spiegel-und-Fliesen-Technik nachzumachen. Nehmen Sie einfach ein Foto, erweitern Sie die Arbeitsfläche horizontal oder vertikal, kopieren Sie das ursprüngliche Foto und fügen es gespiegelt so wieder ein, dass die Kanten übereinstimmen. Wiederholen Sie das beliebig oft in alle Richtungen. Das können Sie mit mehr oder weniger jedem Foto machen, doch mit einigen Motiven funktioniert es besser als mit anderen. Architekturaufnahmen mit vielen Linien und geometrischen Formen zum Anlegen sind gut geeignet, genau wie Motive aus der Natur wie Blüten, die oft schon etwas Symmetrisches haben.

GEGENÜBER:
Holiday Spirit (Feiertagsstimmung)

Obskur

Artem Sapegins Stil zeichnet sich durch gedämpfte, pastellige Farben, geringe Kontraste und eine weiche, natürliche Belichtung aus. Der in Berlin lebende Fotograf strebt niemals so einen großen Kontrastumfang an, dass Lichter ausbrennen oder Details in den Schatten zulaufen. Auch verwendet er keine Tone-Mapping- oder HDRI-Verfahren.

Einem Bild mit wenig Kontrast Schönheit und Bedeutung zu verleihen, ist nicht so einfach, wie es bei Sapegin aussieht. Es braucht einen scharfen Blick, um eine kontrastarme Szene zu erkennen, die ein gutes Foto ergibt. Eine traumähnliche, neblige Situation wie diese ist ein sicherer Kandidat. Die verschwommenen Umrisse der Bäume sind durch das neblige Sonnenlicht gerade so zu erkennen und beschwören eine intensive Stimmung herauf. Der Ansatz eignet sich auch für Porträts von Menschen oder Tieren, Nahaufnahmen von Laub oder Blüten und Stillleben.

OBEN:
Shadows of Spruce Trees in Heavy Fog
(Schatten von Fichten in dichtem Nebel)

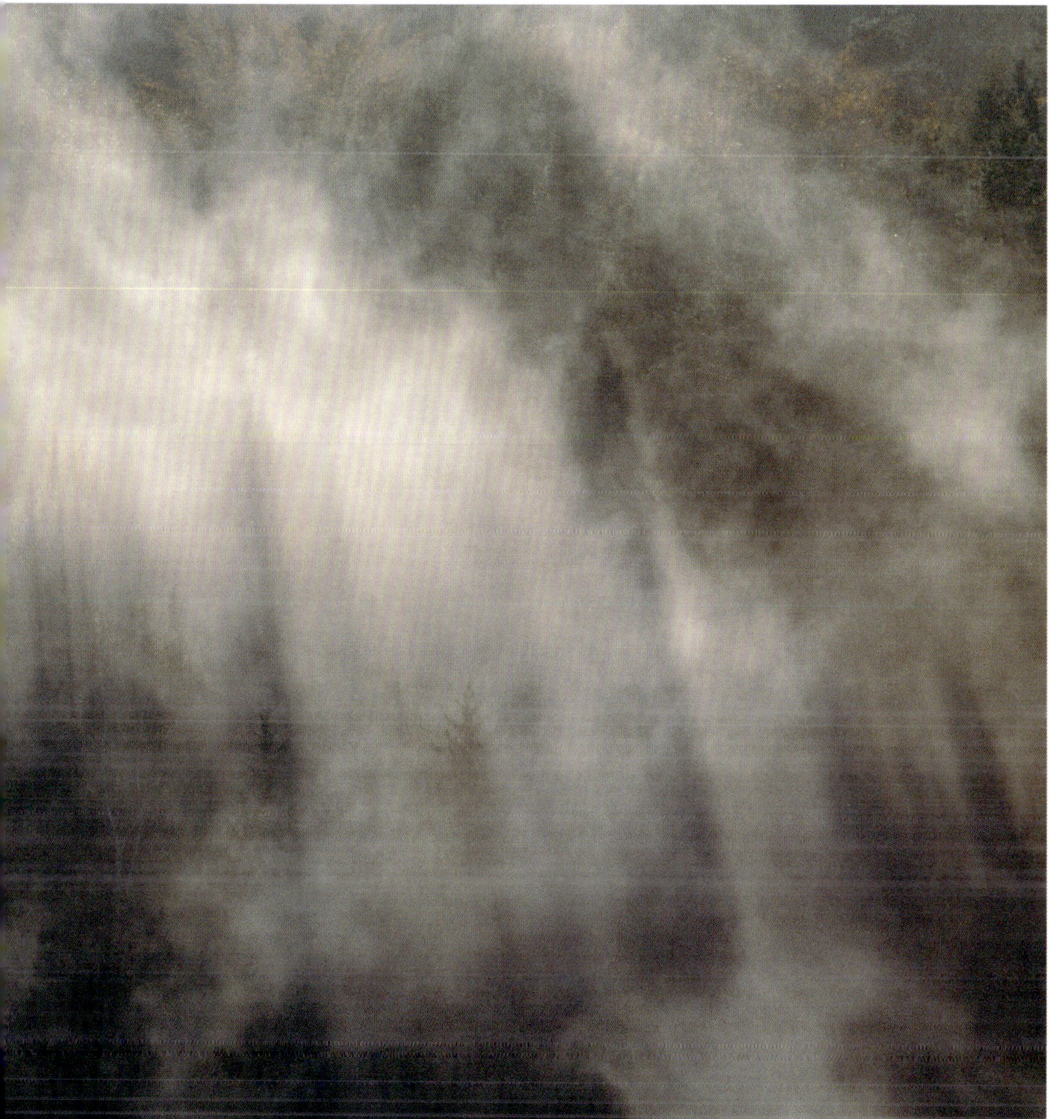

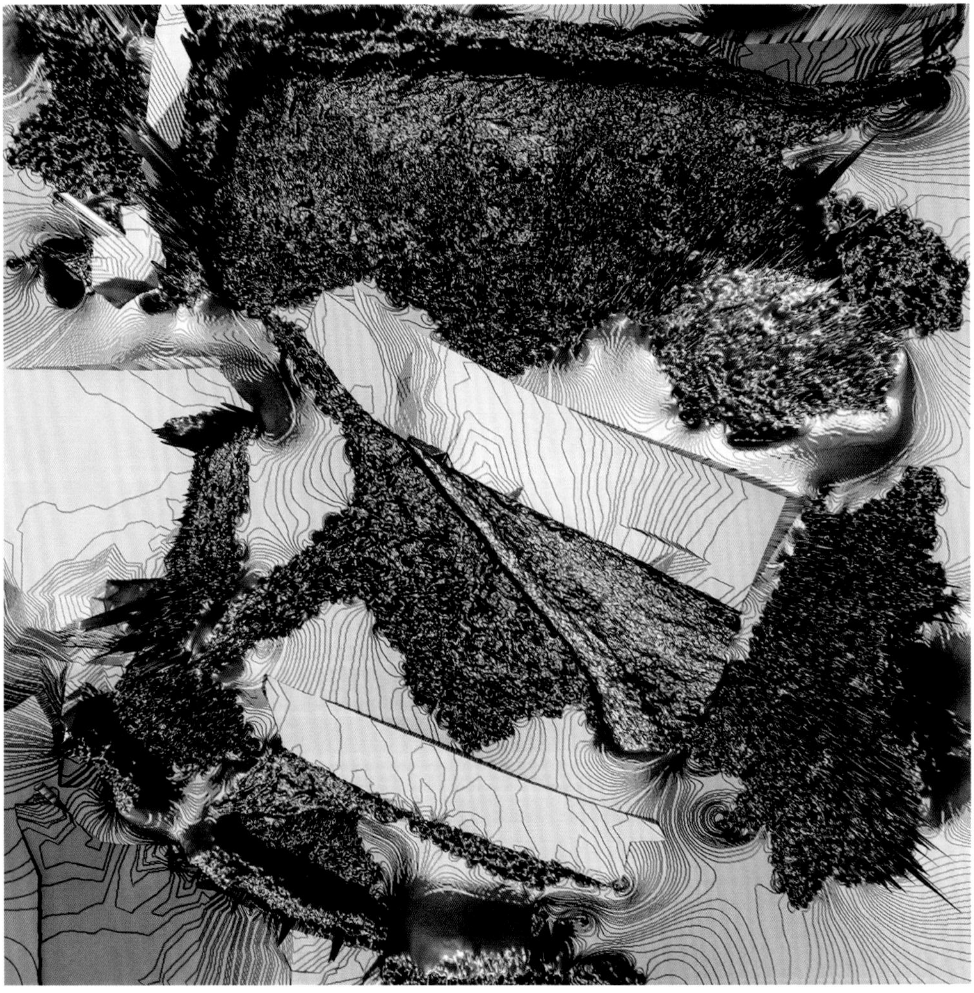

Sensorische Reaktionen

In seiner Serie *Beyond Words* befasst sich der Künstler Chris Sykes mit der Macht und der Wirkung berühmter Reden. Sykes nimmt mehrere Bilder des flüssigen Metalls Gallium auf, während es auf die Schallwellen verschiedener Reden reagiert. Die daraus resultierenden Fotografien werden dann mittels hochauflösender 3D-Modelling-Software zu Bildern weiterverarbeitet, die die ganze Rede in einer visuellen Landschaft verdichten.

Das ist ein sehr komplexes Verfahren, doch die Idee dahinter ist simpel: »Wie lässt sich Klang durch ein visuelles Medium abbilden?« Auch Geschmacks-, Tast- und Geruchssinn könnten eine fotografische Herausforderung sein. Klang ließe sich zum Beispiel porträtieren, indem man die Kräuselwellen durch die Vibration in einem Glas Wasser fotografiert, das auf einem Lautsprecher steht. Vielleicht können Sie den Geschmack von etwas darstellen, indem Sie eine Serie von Porträts von Menschen machen, die blind etwas verkosten, und die Ergebnisse zu einer Durchschnittsreaktion zusammensetzen. Oder Sie suchen Dinge, die für einen Geschmack stehen, und präsentieren diese als Bilderserie. Dieser Ansatz birgt grenzenloses kreatives Potenzial.

GEGENÜBER:
John F Kennedy: We Choose To Go To The Moon, September 12th, 1962, Rice Football stadium, Houston, Texas aus der Serie *Beyond Words (Nicht in Worte zu fassen)*

Blaue Stunde

Cécile Smetana Baudier wollte bei dieser Serie von Fashion Porträts für Vogue Italia die »blaue Stunde«, die Dämmerung, einfangen. Die französisch-dänische Fotografin, die hauptsächlich in Europa und Afrika arbeitet, ließ sich dabei von den »Skagen Malern« inspirieren, einer Gruppe skandinavischer Maler, die Ende des 19. Jahrhunderts im Norden Dänemarks eine Künstlerkolonie gründeten, um das außergewöhnliche blaue Dämmerlicht in dieser Gegend zu malen.

Lange war die »goldene Stunde« kurz nach Sonnenaufgang und kurz vor Sonnenuntergang wegen dem wunderschön glühenden Licht die liebste Zeit der Fotografen. Doch ein Fotograf sollte mit vielen verschiedenen Lichtsituationen vertraut sein. Baudiers Fotografien beweisen, dass die blaue Stunde, was eindringliche Porträtaufnahmen angeht, der goldenen Stunde überlegen ist; so wie das grelle Mittagslicht perfekt geeignet ist für grafische Straßenaufnahmen mit hohen Kontrasten und kräftigen Farben. Wenn Sie es sich zur Aufgabe machen, eine gewisse Zeit lang zu einer bestimmten Tageszeit zu fotografieren, schlagen Sie in Ihrer Fotografie automatisch eine neue Richtung ein.

GEGENÜBER:
Portrait of Nya Gatbel
(Porträt von Nya Gatbel)

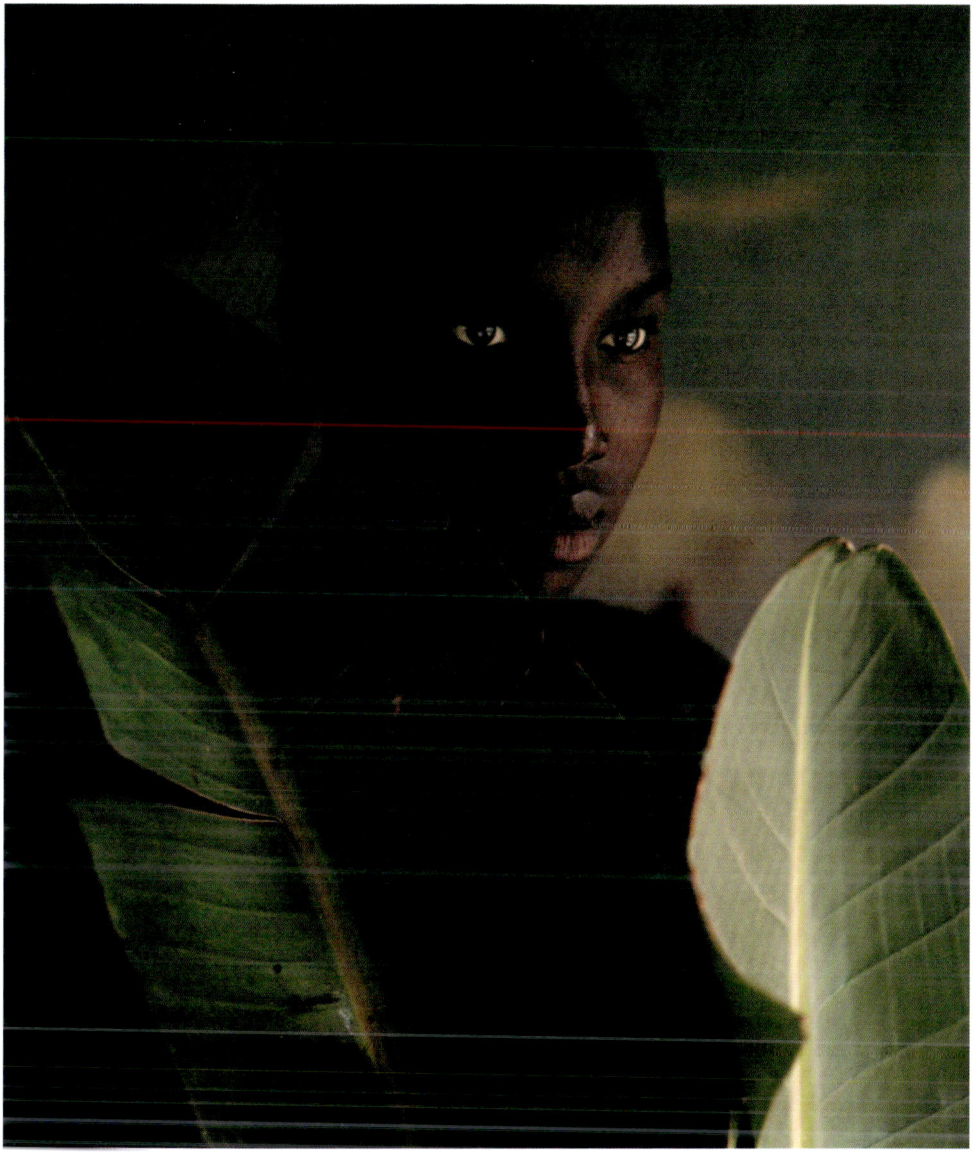

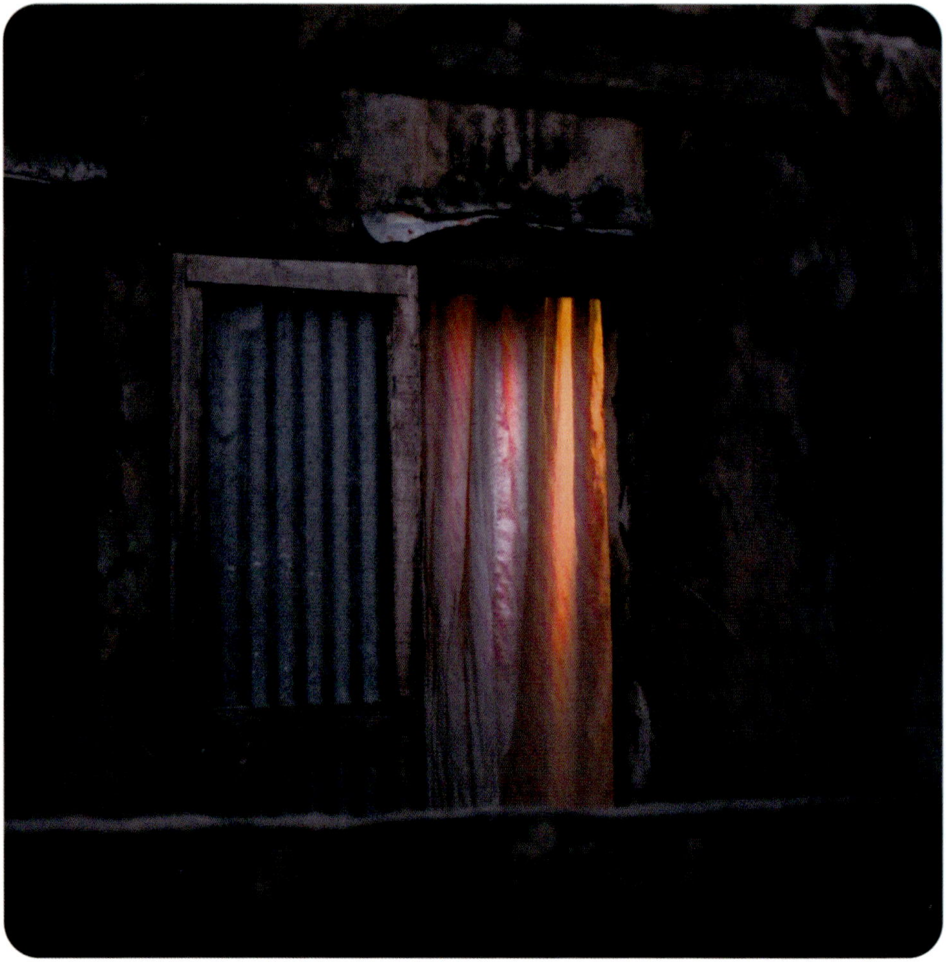

Zurück zu den Wurzeln

Christina de Middels Serie *Afronauts* aus dem Jahr 2012 ist eine fiktive Dokumentation der Bemühungen des sambischen Lehrers Edward Makuka Nkoloso, der die ersten afrikanischen Astronauten ausbildete mit dem Ziel, Amerika und Russland bei der Mondfahrt zu schlagen. Neben Archivdokumenten und inszenierten Aufnahmen der »Astronauten«, die in bunten »Raumanzügen« stecken, an Goldfischgläser erinnernde Kugelhelme auf dem Kopf, gibt es mehrere Aufnahmen wie diese, auf denen weder Menschen noch Handlungen zu sehen sind, sondern die nur still und seltsam sind.

De Middel greift, äußerst einfallsreich, bei dieser Aufnahme zu einem relativ einfachen Konzept: Sie stellte den Weißabgleich auf das farbige Licht innen ein, sodass das Dämmerlicht draußen ein fast illusorisches Blau-Grau bekommt. Obendrein wurde die Szene über eine Mauer fotografiert, die unscharf am unteren Bildrand zu erkennen ist und die uns zu dieser rätselhaften Türöffnung hinzieht. Mit Hilfe dieser Techniken weckt de Middel Neugier bis hin zur Nervosität. Was geht da drin vor sich?

Vergessen Sie nicht, dass die Grundlagen der Fotografie, die Sie richtig einzusetzen gelernt haben – Fokus, Weißabgleich, Wahl des Bildausschnitts, Belichtung usw. – um bestimmter Effekte willen auch »unvorschriftsmäßig« eingesetzt werden können. Schauen Sie, wie weit Sie kommen, wenn Sie damit spielen.

GEGENÜBER:
Lala Kale aus der Serie *Afronauts* (*Afronauten*)

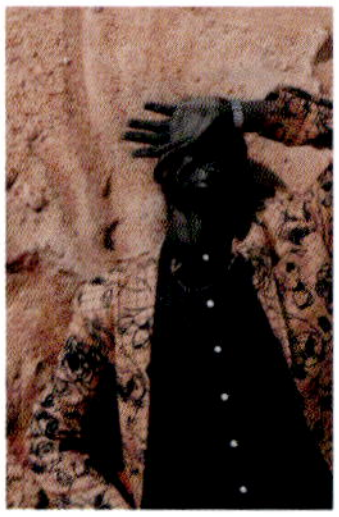

PRINCE AKACHI
S. 12–13

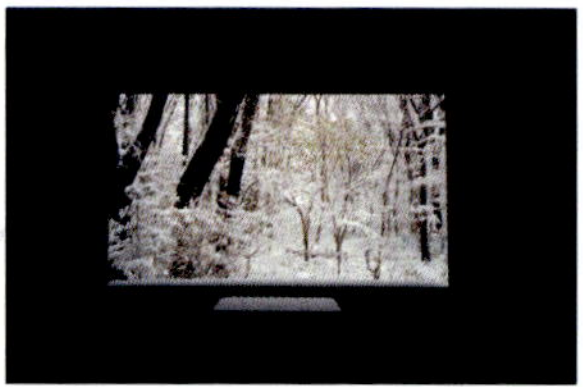

MILO ALEXANDER-TRAVERS
S. 140–141
www.miloalexander-travers.com

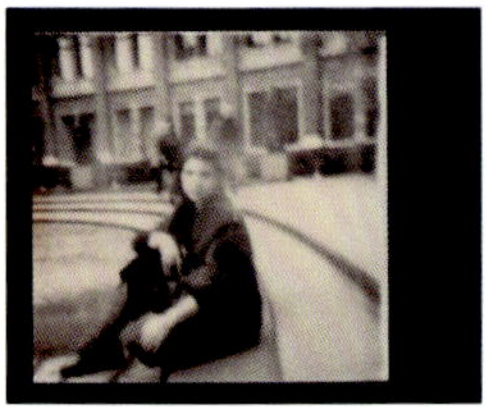

ANDREEA ANDREI
S. 100–101
www.andreeaandrei.com

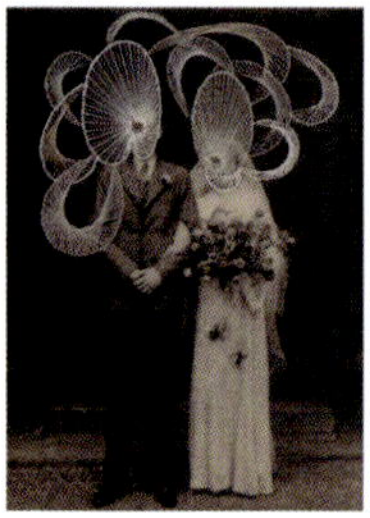

MAURIZIO ANZERI
S. 60–61

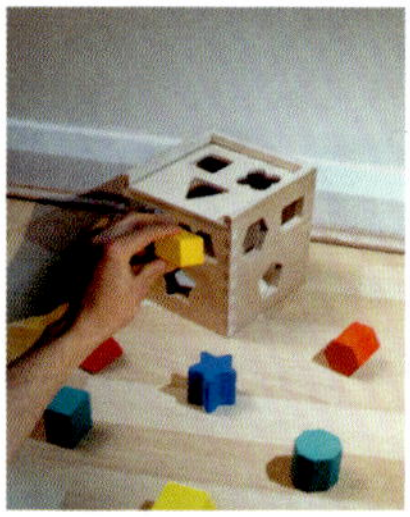

IBRAHIM AZAB
S. 16–17
www.ibrahimazab.com

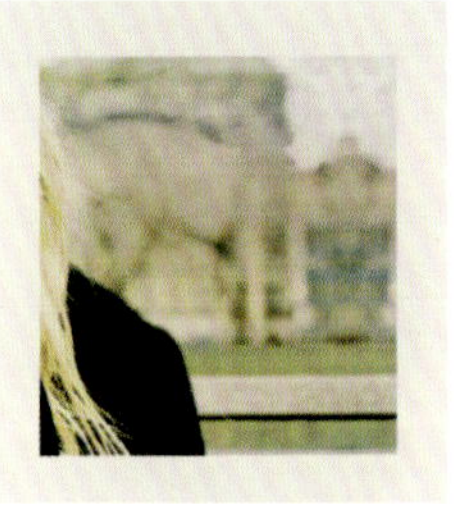

UTA BARTH
S. 84–85
http://utabarth.net

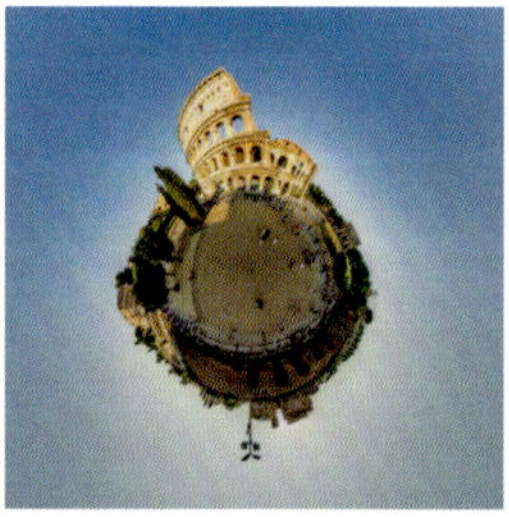

MARTIJN BAUDOIN
S. 150–151
www.martijnbaudoin.com

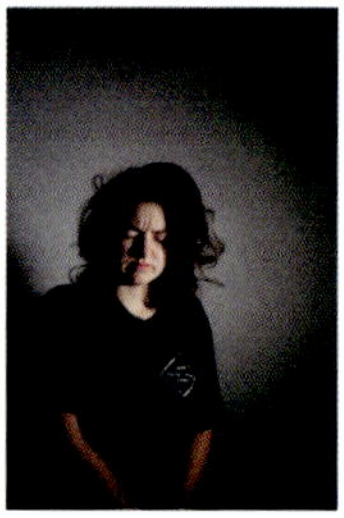

MADISON BEACH
S. 86–87
www.madisonbeach.com

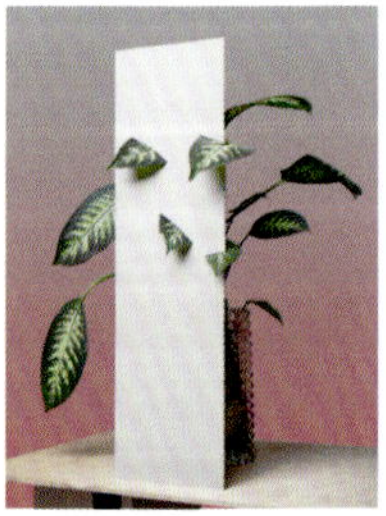

DÁVID BIRÓ
S. 62–63
www.birodavid.com

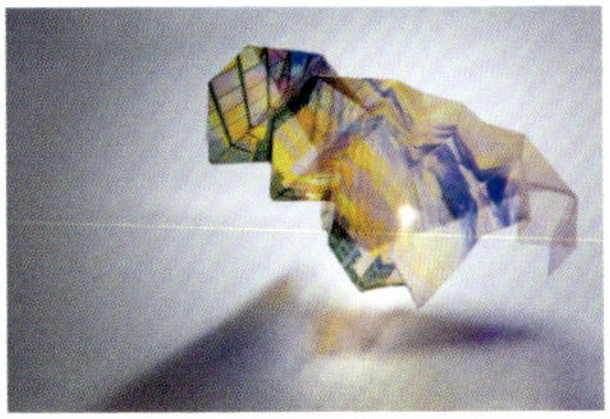

GABRIELLA BLENKINSOP
S. 80–81
www.gblenkinsopphotography.co.uk

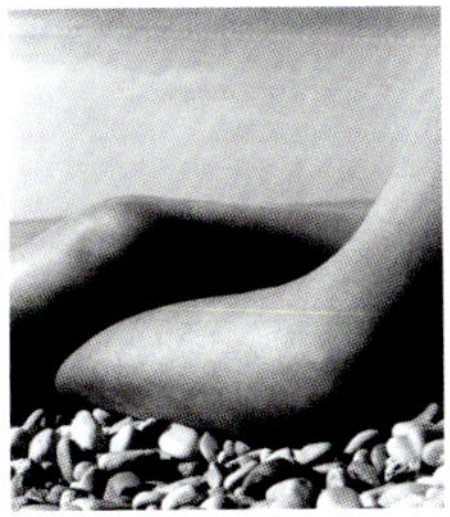

BILL BRANDT
S. 122–123
www.billbrandt.com

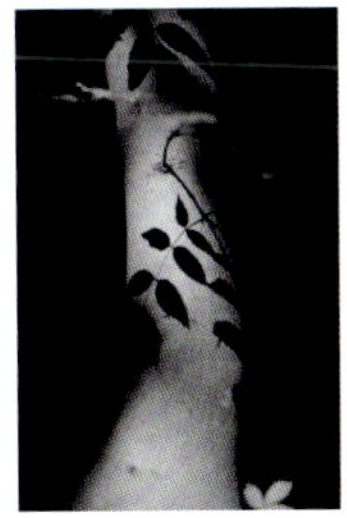

SIMON BRAY
S. 48–49
www.simonbray.co.uk

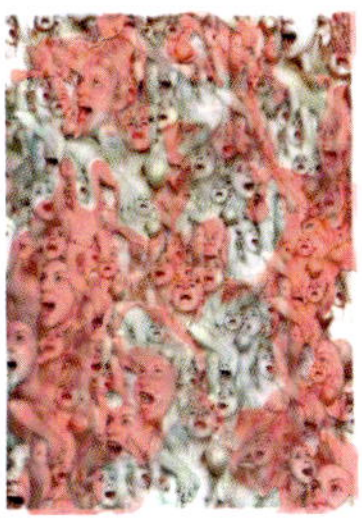

KATIE BRETDAY
S. 30–31
www.katiebretday.com

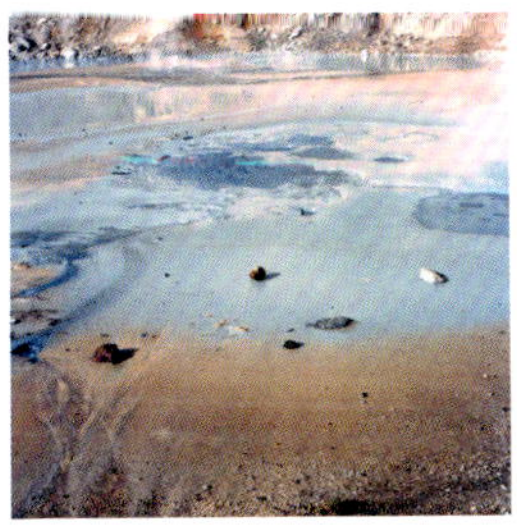

MATTHEW BROADHEAD
S. 52–53
www.matthewbroadhead.com

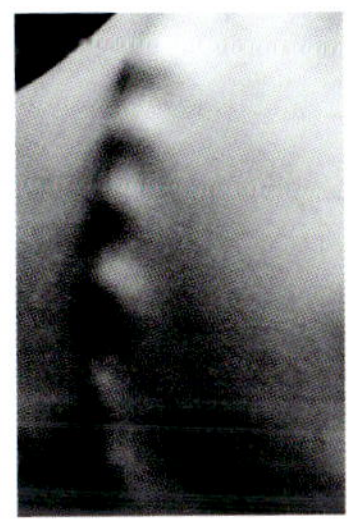

ALICJA BRODOWICZ
S. 128–129
www.alicjabrodowicz.com

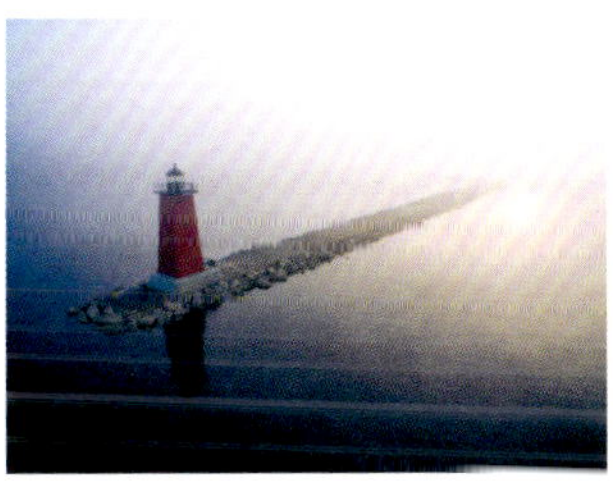

AARÓN BURDEN
S. 24–25
http://aaronburden.com

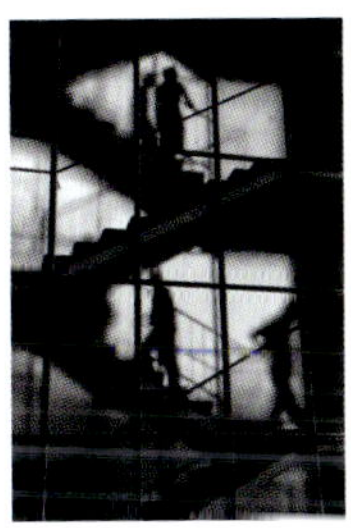

RENÉ BURRI
S. 40–41

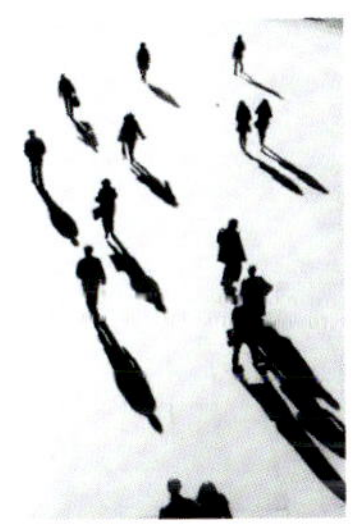

ALBERTO CABANILLAS
S. 32–33

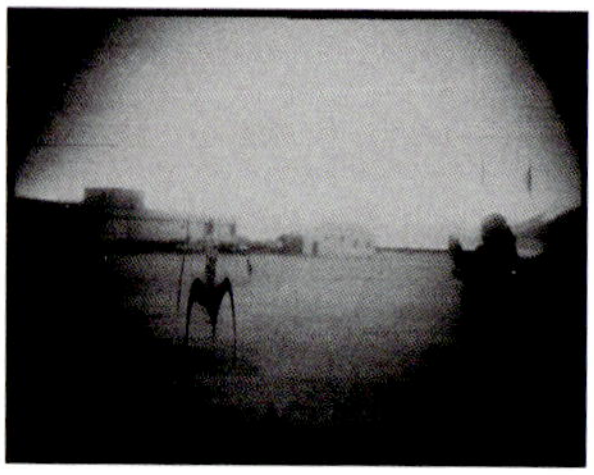

GEORGINA CAMPBELL
S. 108–109
www.georginacampbell.com.au

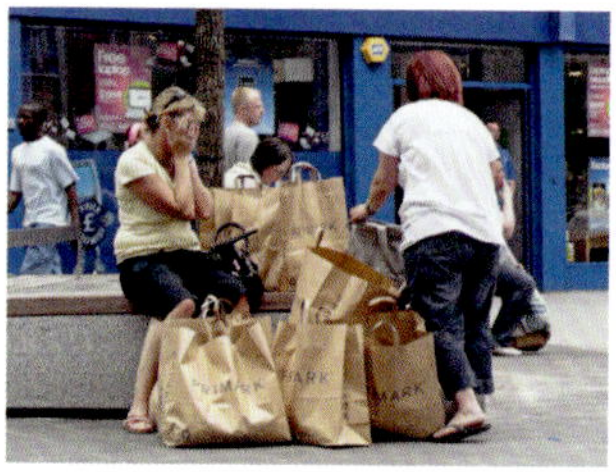

THE CARAVAN GALLERY
S. 64–65
www.thecaravangallery.photography

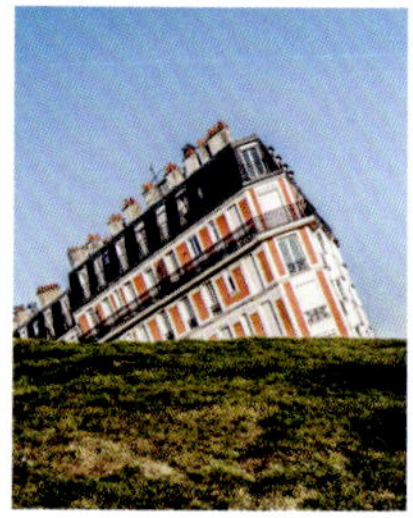

LÉONARD COTTE
S. 20–21

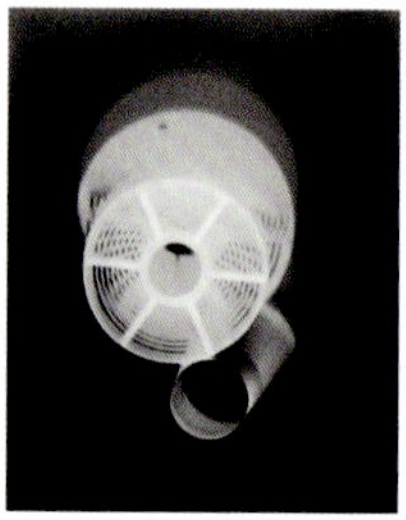

CAILEAN COULDRIDGE
S. 22–23
www.caileancouldridge.co.uk

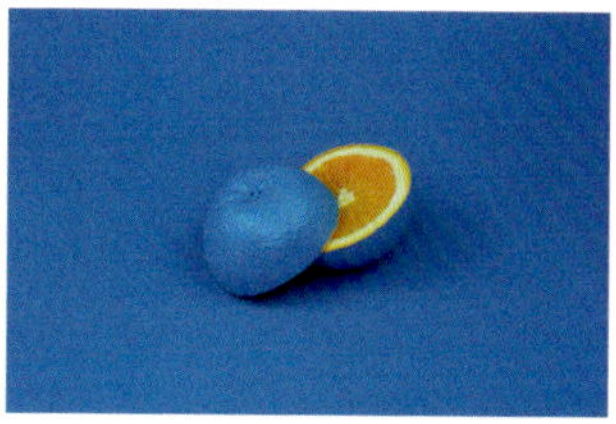

CODY DAVIS
S. 44–45

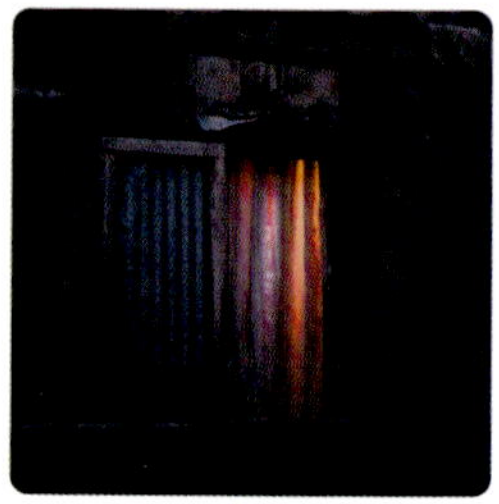

CRISTINA DE MIDDEL
S. 164–165
www.lademiddel.com

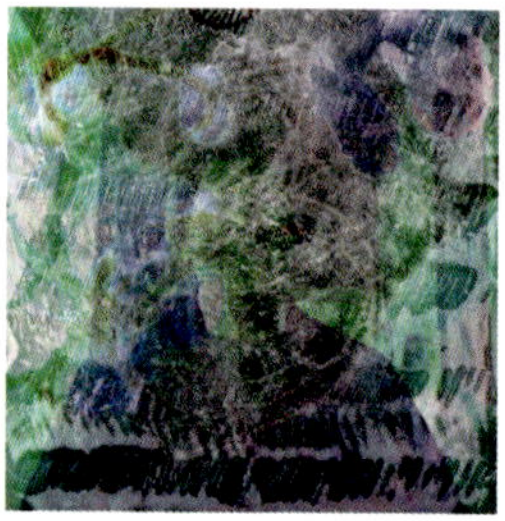

ZAK DIMITROV
S. 36–37
www.zakdimitrov.com

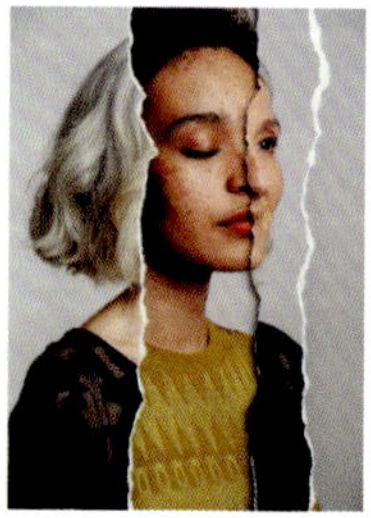

NICK DOLDING
S. 76–77
https://www.nickdolding.co.uk

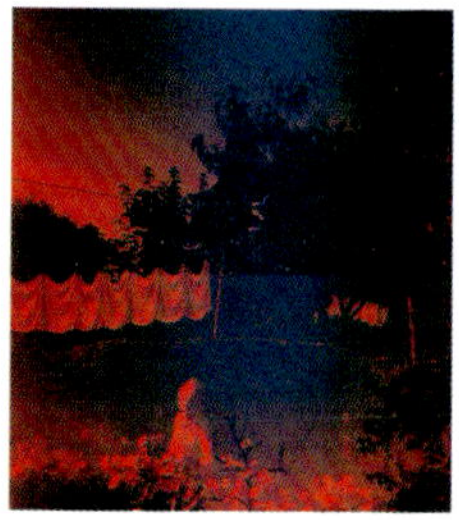

MILLIE ELLIOTT
S. 14–15
www.millieelliott.com

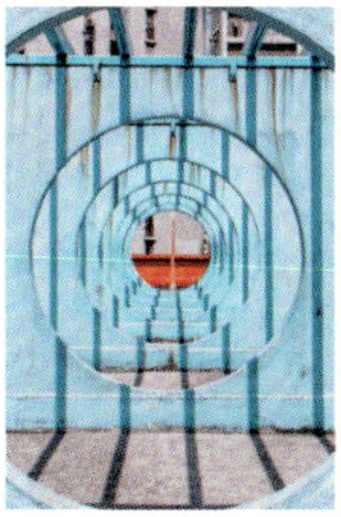

JOEL FULGENCIO
S. 10–11

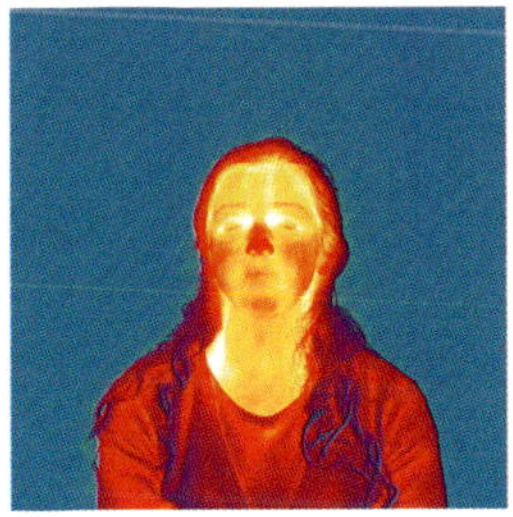

VERA HADZHIYSKA
S. 34–35
www.verahadzhiyska.com

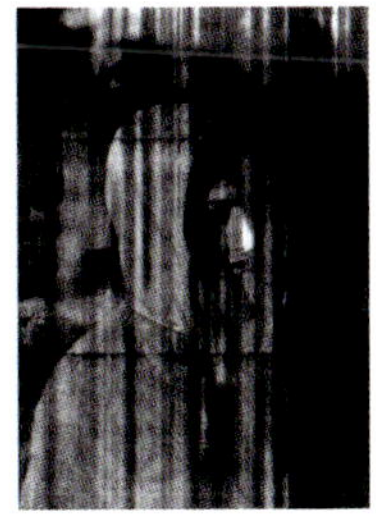

THOMAS HAUSER
S. 132–133
www.thomashauser.fr

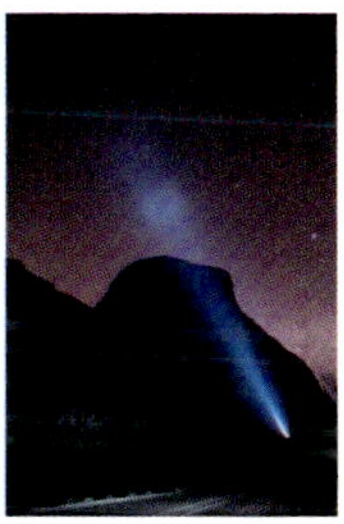

CASEY HORNER
S. 102–103

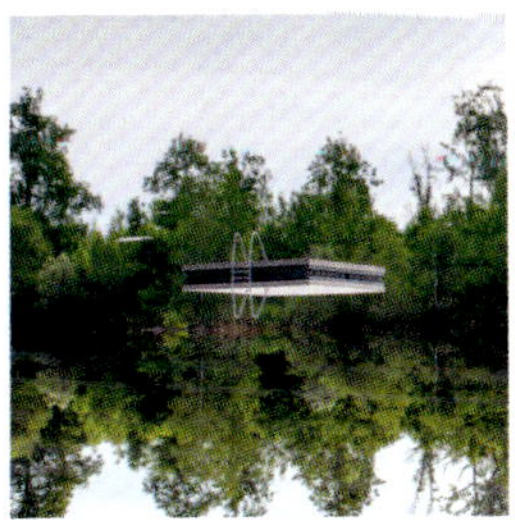

MATTIAS HUSSER
S. 78–79
https://matthias-hauser.pixels.com

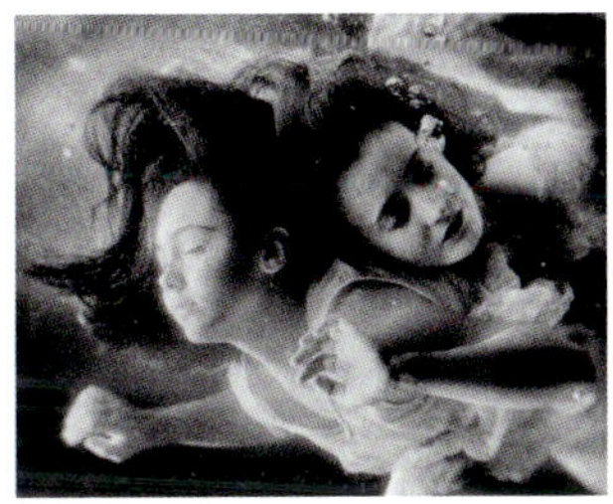

VELIZAR IVANOV
S. 144–145
https://vlziv.com

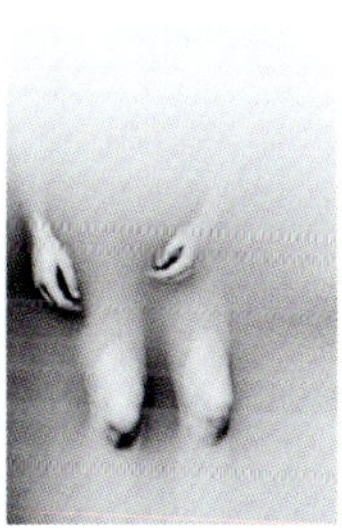

ROSANNA JONES
S. 8–9
www.rosannajones.co.uk

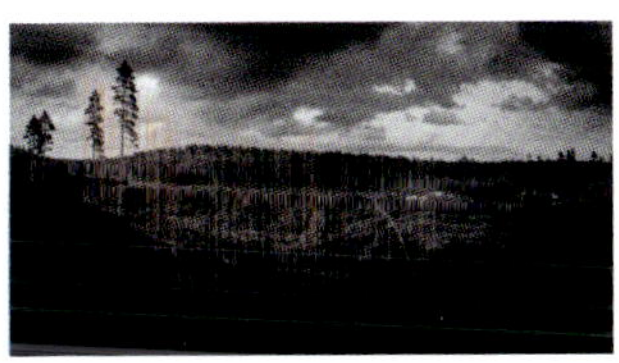

JAAKKO KAHILANIEMI
S. 134–135
www.jaakkokahilaniemi.com

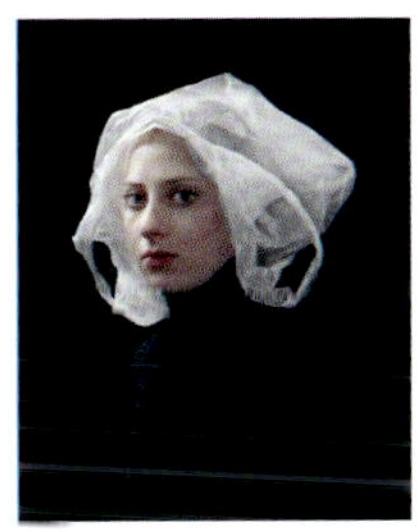

HENDRIK KERSTENS
S. 42–43
https://hendrikkerstens.com

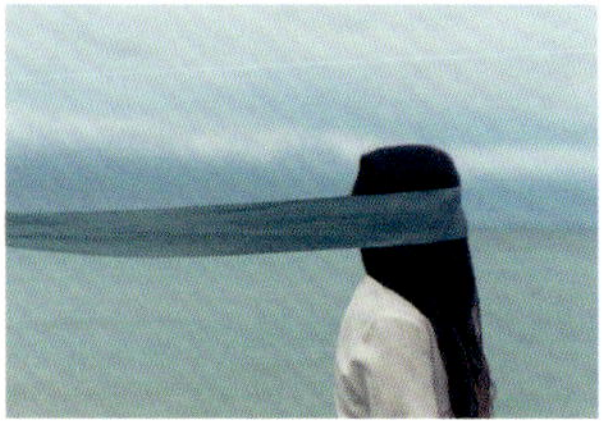

OSCAR KEYS
S. 116–117
www.oscarkeys.com

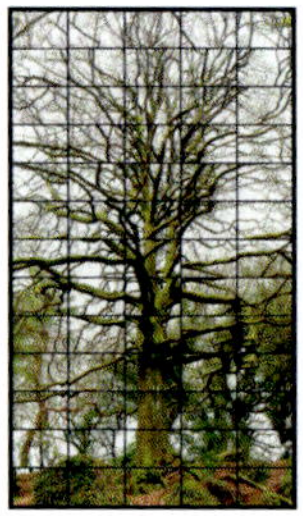

PETE KIRBY
S. 26–27
www.petekirby.co.uk

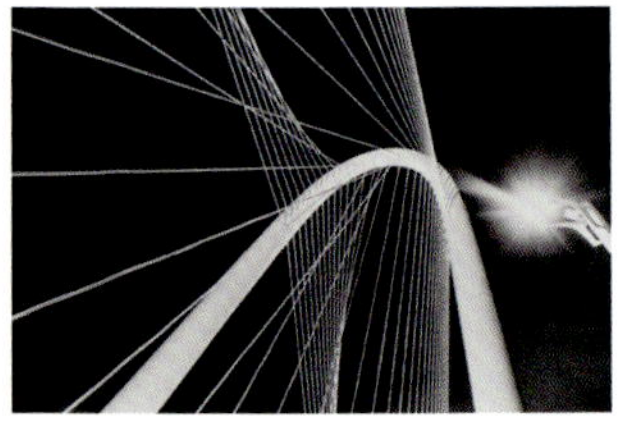

TIMOTHY KOLCZAK
S. 38–39

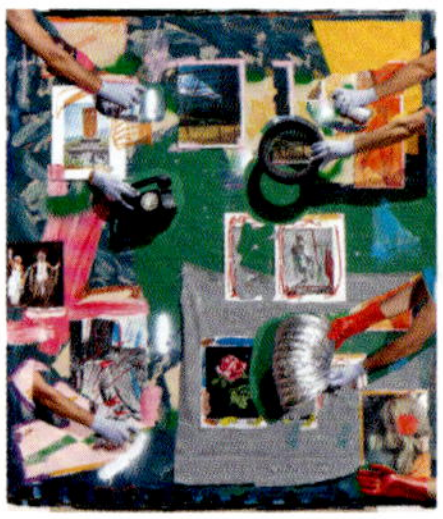

NICO KRIJNO
S. 138–139
https://nicokrijno.com

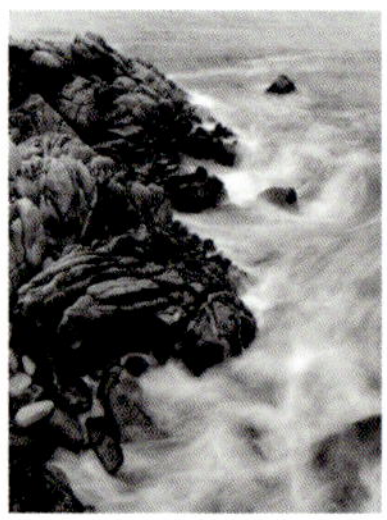

DAMON LAM
S. 82–83

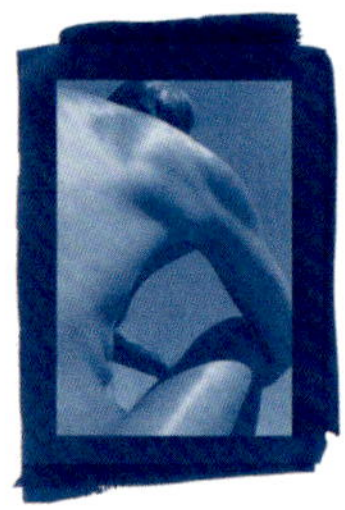

SARAH LE BROCQ
S. 72–73
www.sarahlebrocq.com

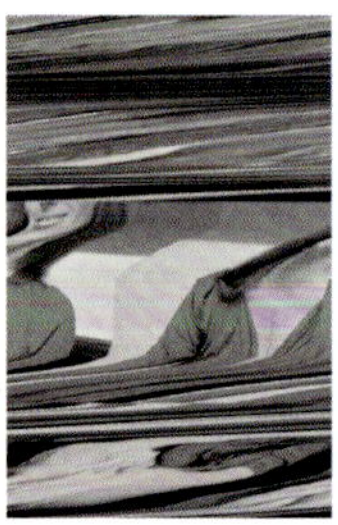

ERNIELSON LIMBO
S. 142–143
www.ernielsonlimbo.com

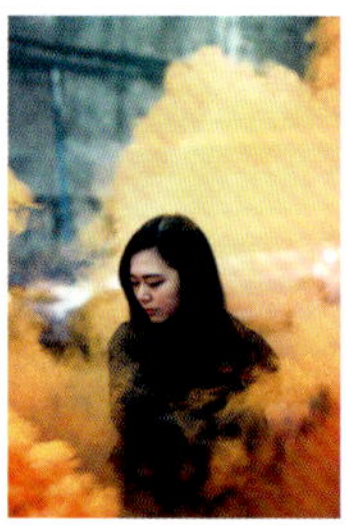

CHANG LIU
S. 94–95
https://changliu.io/photo

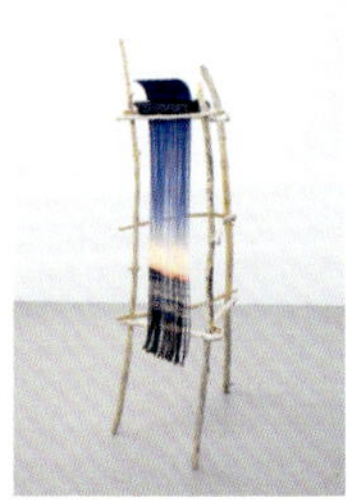

LILLY LULAY
S. 88–89
http://lillylulay.de

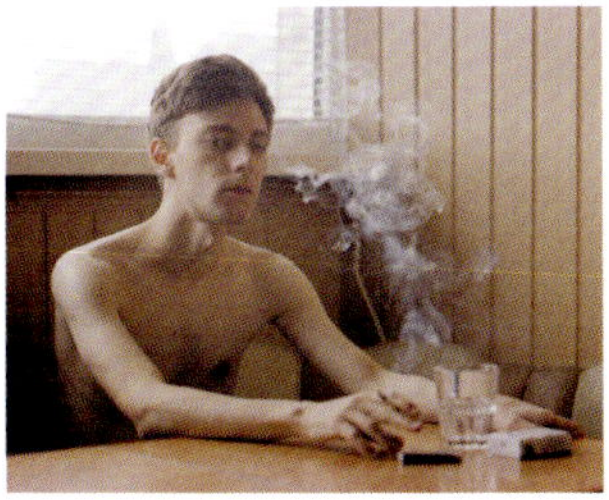

DANIEL JACK LYONS
S. 106–107
www.danieljacklyons.com

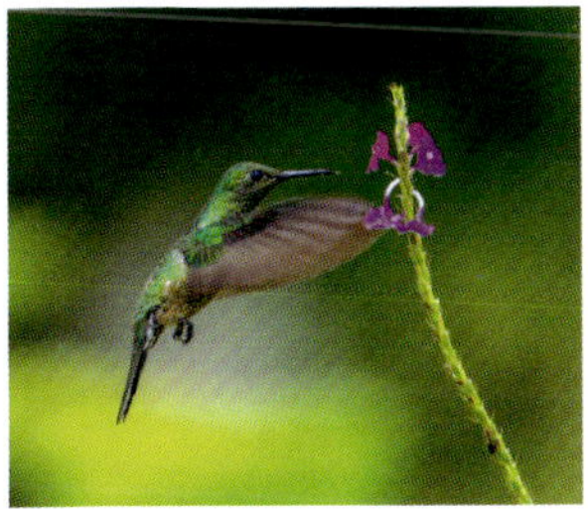

ZDENĚK MACHÁČEK
S. 50–51
https://zephoto.zenfolio.com

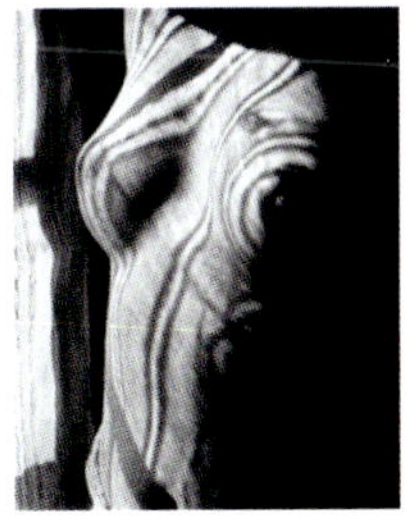

MAN RAY
S. 66–67
www.manraytrust.com

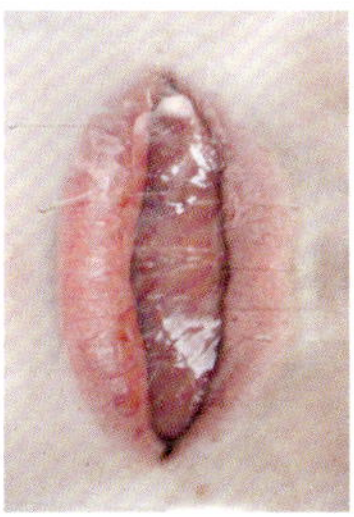

ALIX MARIE
S. 104–105
www.alixmarie.com

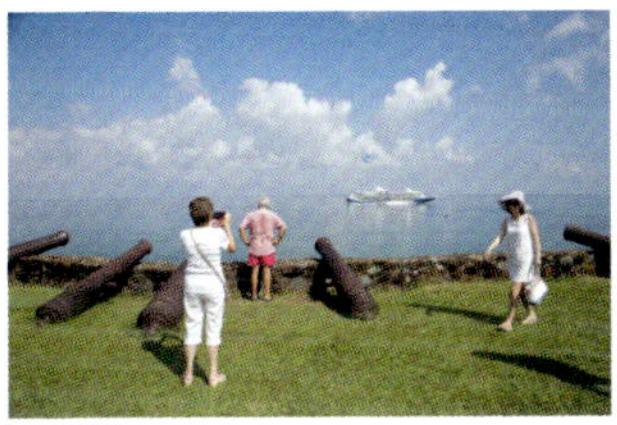

SUSAN MEISELAS
S. 46–47
www.susanmeiselas.com

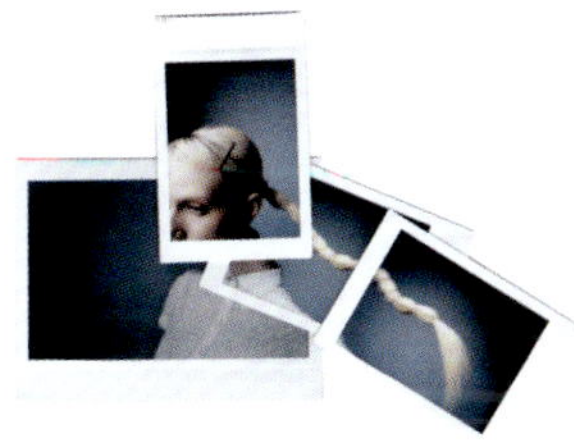

DAVID MILLER
S. 154–155
www.primordialcreative.com

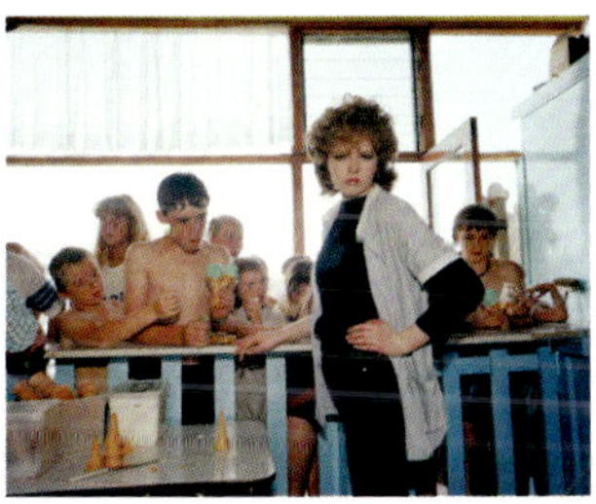

MARTIN PARR
S. 110–111
www.martinparr.com

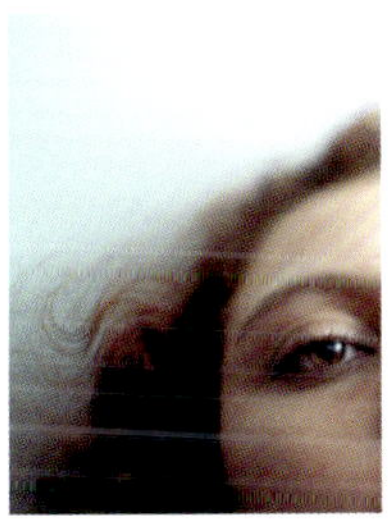

FLORIAN PÉRENNÈS
S. 18–19
https://perennes29.wixsite.com

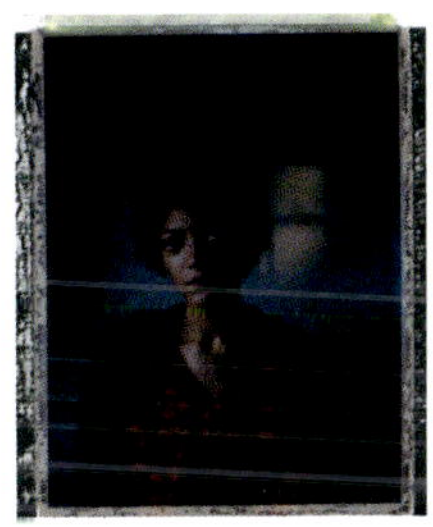

ED PHILLIPS
S. 90–91
www.ed-phillips.com

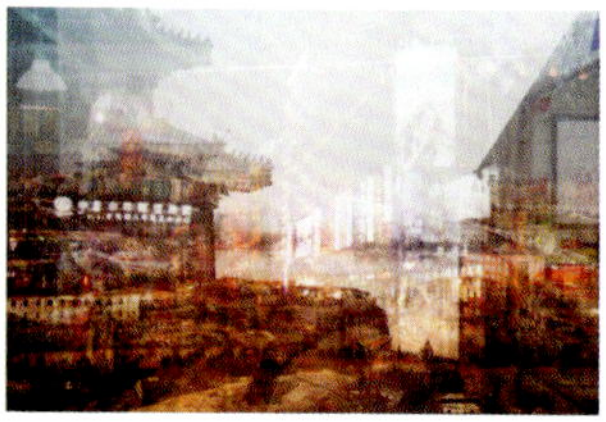

HENRY RICE
S. 28–29
www.henryrice.co.uk

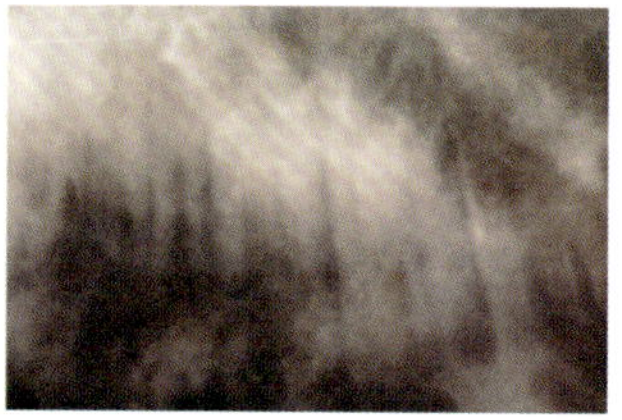

ARTEM SAPEGIN
S. 158–159
https://morning.photos

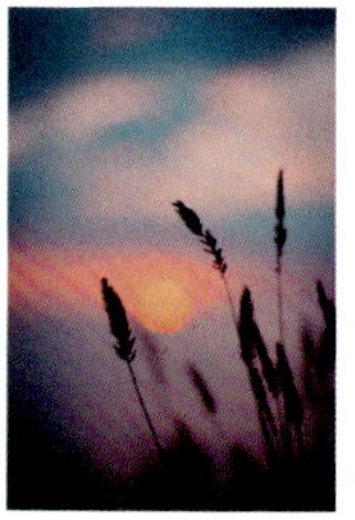

ANN SAVCHENKO
S. 70–71

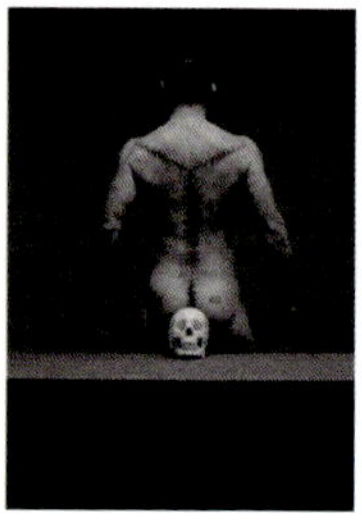

RICHARD SAWDON SMITH
S. 124–125
http://richardsawdonsmith.com

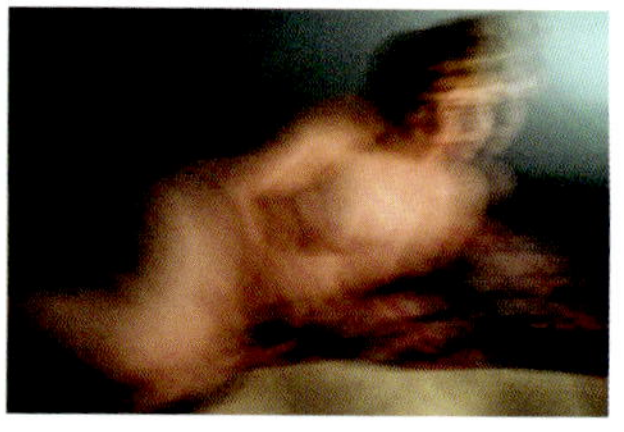

KAMIL ŚLESZYŃSKI
S. 92–93
www.kamilsleszynski.com

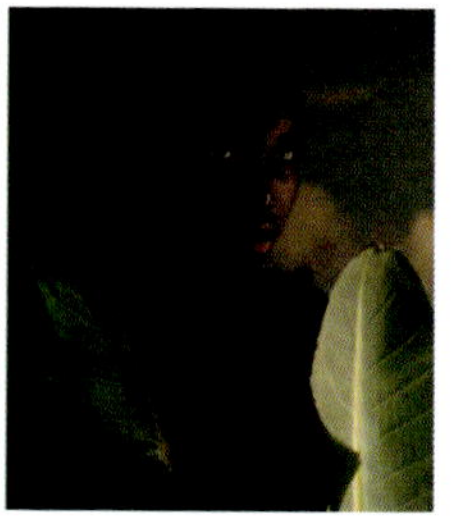

CÉCILE SMETANA BAUDIER
S. 162–163
www.cecilesmetana.com

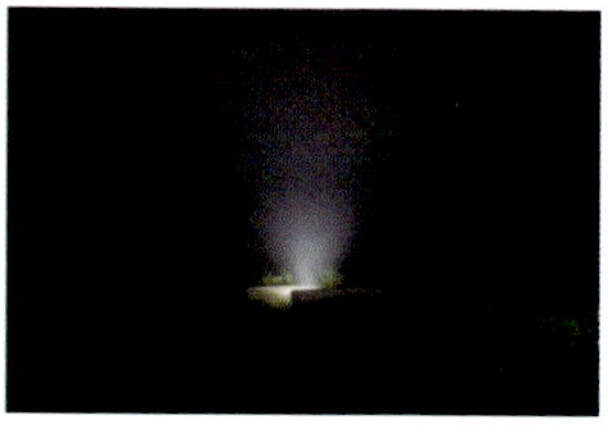

PETER SPURGEON
S. 96–97
www.peterspurgeon.photo

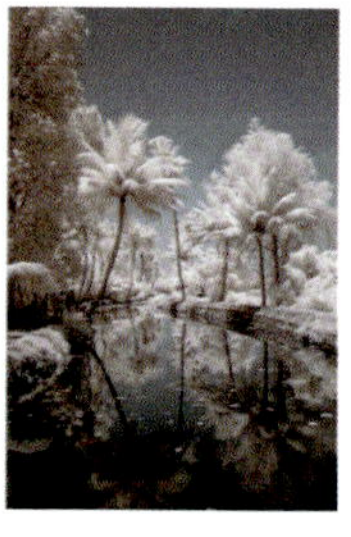

ADARSH V. SRINIVASAN
S. 114–115

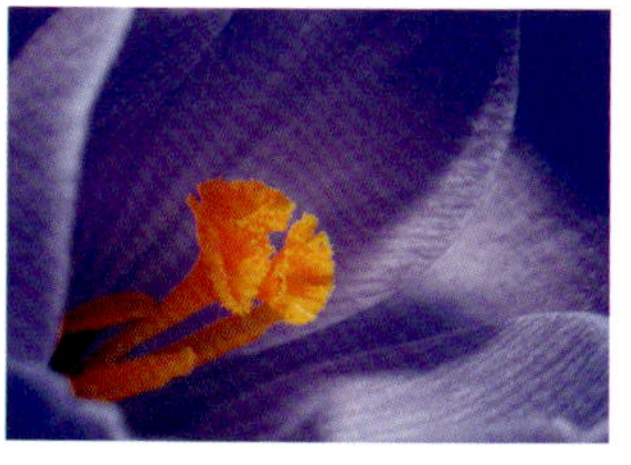

LUCAS STARMAN
S. 74–75

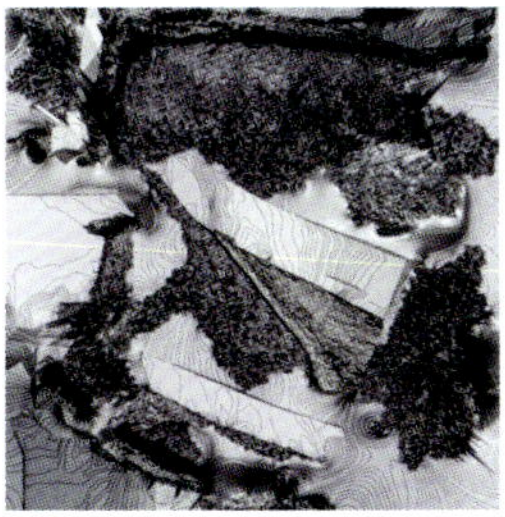

CHRIS SYKES
S. 160–161
www.chrissykesphotography.com

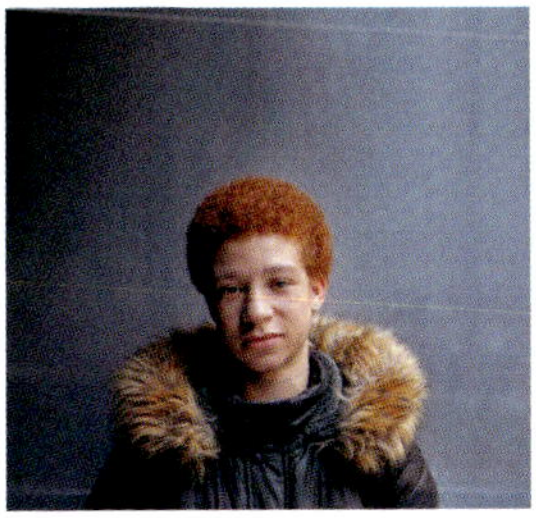

CRASH TAYLOR
S. 56–57
www.strangersofnottingham.com

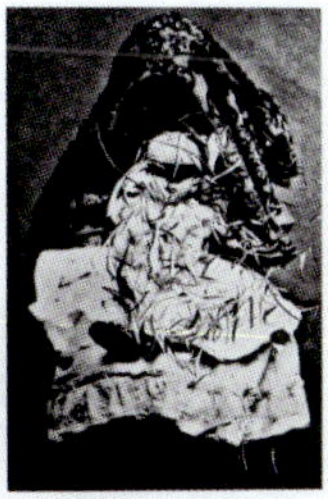

JOSIE TAYLOR
S. 118–119

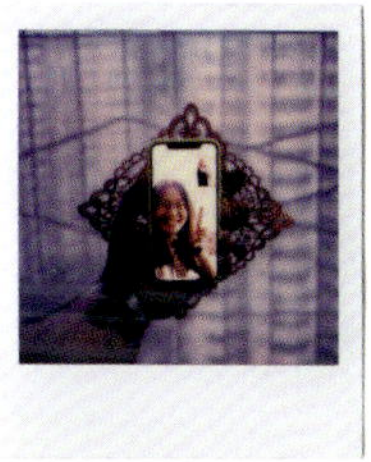

GUEORGUI TCHEREDNITCHENKO
S. 146–147
www.gueorgui.net

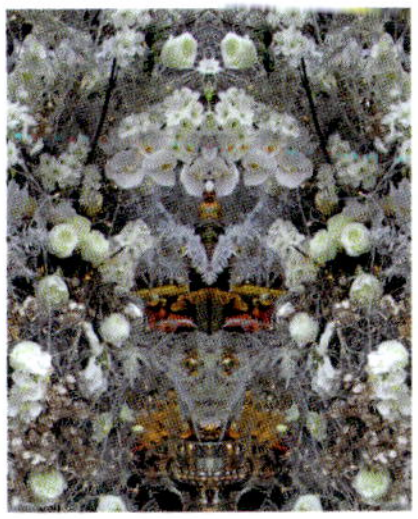

DANIEL TEAFOE
S. 156–157
https://www.lensculture.com
/daniel-teafoe

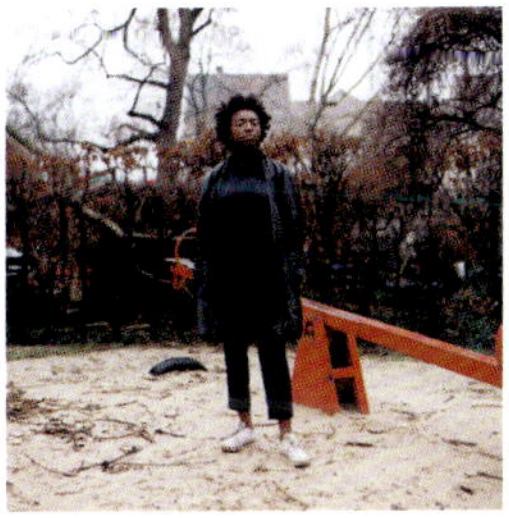

FINNEGAN TRAVERS
S. 152–153
www.finnegantravers.co.uk

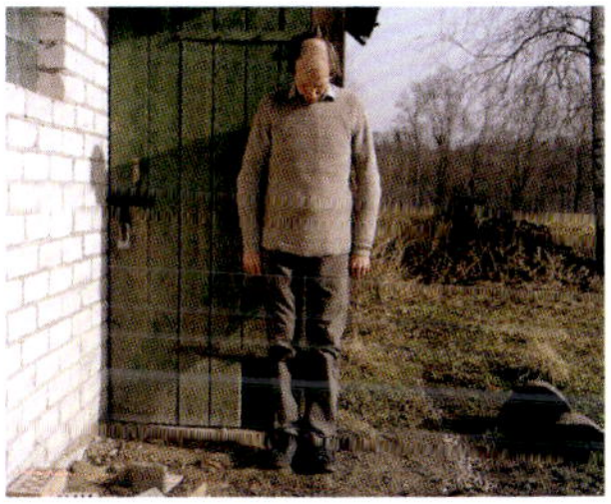

VYTAUTE TRIJONYTE
S. 112–113
www.vytautephotography.wixsite.com

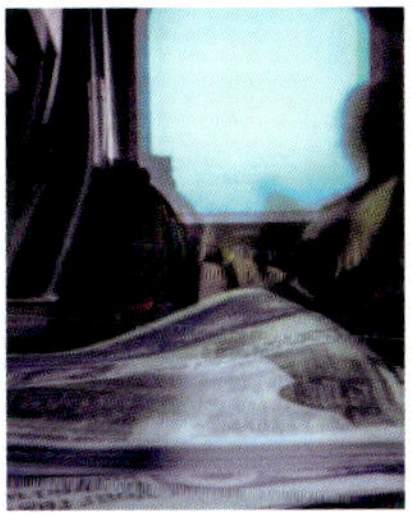

SAM VALE
S. 130–131
www.samvale.com

MATT VELARDE
S. 126–127
www.mattvelardephoto.com

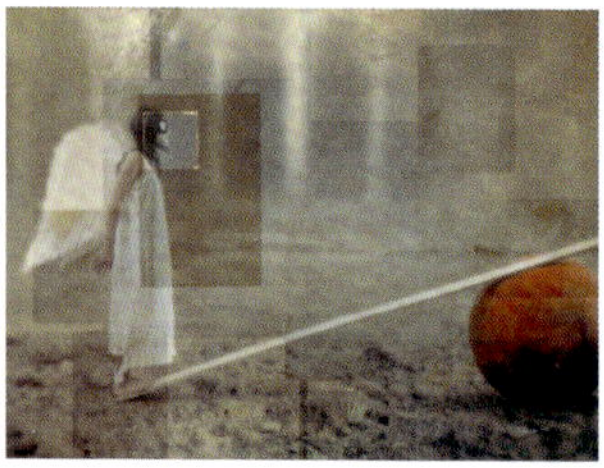

KAMIL VOJNAR
S. 68–69
www.kamilvojnar.com

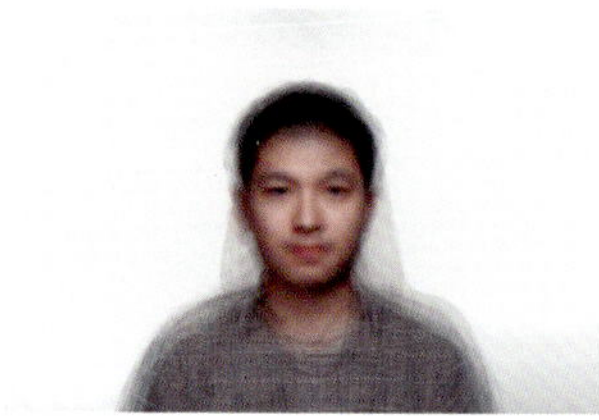

YAFEI WANG
S. 120–121

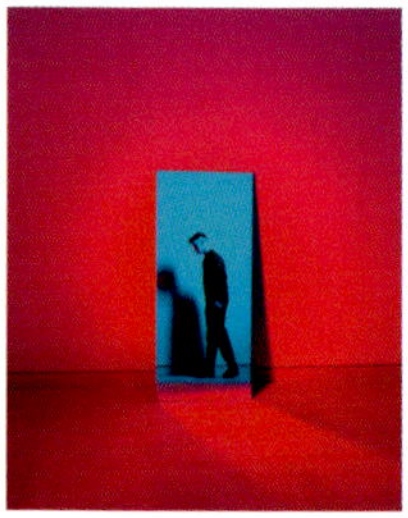

ADRIAN WOJTAS
S. 98–99
www.adrianwojtas.com

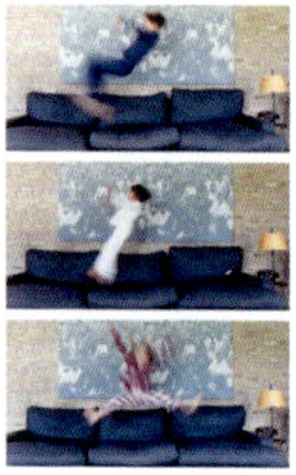

LORNA YABSLEY
S. 54–55
www.lornayabsley.co.uk

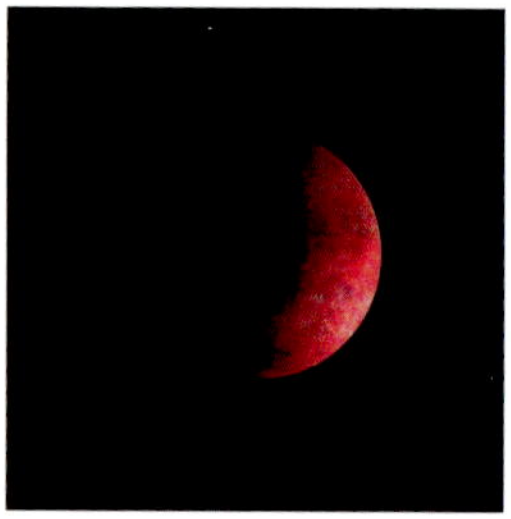

PLAMEN YANKOV
S. 58–59
www.plamenyankov.jimdo.com

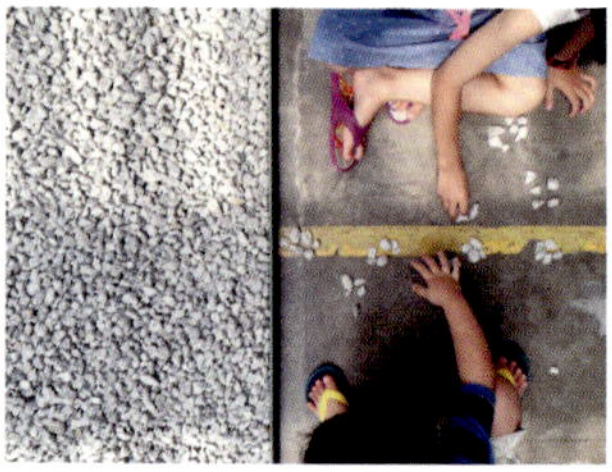

POH KIM YEOH
S. 136–137

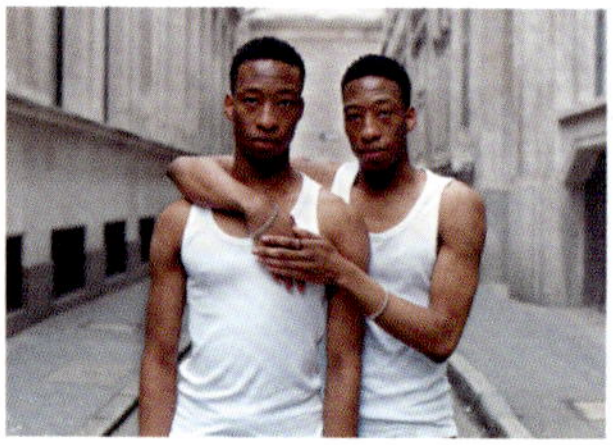

PETER ZELEWSKI
S. 148–149
www.peterzelewskiphotography.com

BILDNACHWEISE

S. 8, 9 Rosanna Jones; 10 Joel Fulgencio/Unsplash; 13 Prince Akachi/Unsplash; 14, 15 Millie Elliott, millieelliott.com; 16 Ibrahim Azab; 19 Florian Pérennès/Unsplash; 20 Léonard Cotte/Unsplash; 22 © Cailean Couldridge; 24 Aaron Burden/ Unsplash; 27 Pete Kirby; 28 Henry Rice, British Artist; 31 Katie Bret-Day; 32 Alberto Cabanillas/EyeEm/Getty Images; 34 © Vera Hadzhiyska; 37 Zak Dimitrov; 38 Timothy Kolczak/Unsplash; 41 © Rene Burri/Magnum Photos; 42 © Hendrik Kerstens; 44 Cody Davis/Unsplash; 46 © Susan Meiselas/Magnum Photos, mit Unterstützung des Pulitzer Center; 49 Simon Bray; 50 Zdeněk Macháček/Unsplash; 53 Matthew Broadhead; 54 Lorna Yabsley; 57 Crash Taylor; 58 Plamen Yankov; 60 mit freundlicher Genehmigung des Künstlers und der Haines Gallery, San Francisco; 63 Dávid Biró; 64 The Caravan Gallery; 67 © Man Ray 2015 Trust/ADAGP/DACS 2019, image: Telimage, Paris; 68 Kamil Vojnar; 70 Ann Savchenko/Unsplash; 73 © Sarah Le Brocq; 74 Mister Starman/Unsplash; 77 Nick Dolding/Getty Images; 78 Images Mattias Husser/EyeEm/Getty Images; 80 Gabriella Blenkinsop. Foto von Ian Orwin, University of Sunderland; 83 Damon Lam/ Unsplash; 84 mit freundlicher Genehmigung der Künstlerin und der Tanya Bonakdar Gallery, New York/Los Angeles. Foto: Tate, London 2019; 86 Madison Beach; 89 © Lilly Lulay. Foto von Frithjof Kjer; 90 Ed Phillips; 92 Kamil Śleszyński; 94 Chang Liu/Unsplash; 96 Peter Spurgeon; 98 Adrian Wojtas; 100 Andreea Andrei; 102 Jasper Guy/Unsplash; 105 Alix Marie. mit freundlicher Genehmigung der Künstlerin und Roman Road; 106 Daniel Jack Lyons, 108 Georgina Campbell; 110 © Martin Parr/Magnum Photos, 113 Vytaute Trijonyte @vytaute_trijonyte, vytaute.trijonyte.com; 114 V Srinivasan/Unsplash; 116 Oscar Keys/Unsplash; 118 Josie Taylor; 120 Yafei Wang; 123 Bill Brandt © Bill Brandt Archive; 125 Richard Sawdon Smith; 126 Matt Velarde; 129 l & r Alicja Brodowicz/Millennium Images, UK; 130 Sam Vale; 133 Thomas Hauser; 134 Jaakko Kahilaniemi; 136 Poh Kim Yeoh/EyeEm/Getty Images; 138 Nico Krijno; 140 Milo Alexander-Travers; 143 Ernielson Limbo; 145 Velizar Ivanov/Unsplash; 146 Gueorgui Tcherednitchenko, gueorgui.net; 148 Peter Zelewski; 151 Martijn Baudoin/Unsplash; 152 Finnegan Travers; 155 Fotocollage von David Miller, Model Annika White, Haare Andy Tseng; 156 Fotocollage by Daniel Teatoe; 158 Artem Sapegin/Unsplash; 160 Chris Sykes; 163 Porträt von Nya Gatbel, gestylt von Anna Klein, fotografiert von Cécile Smetana Baudier; 164 © Cristina de Middel/Magnum Photos.

DANK

Ich danke allen Künstlerinnen und Künstlern für die freundliche Genehmigung, ihre Arbeiten zu zeigen und zu besprechen.